Человек рождается
не для того, чтобы
бесследно исчезнуть
никому не известной
пылинкой. Человек рож-
дается для того, чтобы
оставить по себе след-
вечный след.

苏霍姆林斯基
教育思想的闪光点

蔡 汀 ———— 著

教育科学出版社

·北 京·

出 版 人　郑豪杰
策　　划　祖　晶
责任编辑　李馨宇
版式设计　郝晓红
责任校对　贾静芳
责任印制　叶小峰

图书在版编目（CIP）数据

苏霍姆林斯基教育思想的闪光点 / 蔡汀著 . — 北京：
教育科学出版社，2023.10
ISBN 978-7-5191-3566-9

Ⅰ.①苏…　Ⅱ.①蔡…　Ⅲ.①苏霍姆林斯基
（Suhomlinskii, Vasilii Aleksanlrovich 1918–1970）—教
育思想—研究　Ⅳ.① G40–095.12

中国国家版本馆 CIP 数据核字（2023）第 196845 号

苏霍姆林斯基教育思想的闪光点
SUHUOMULINSIJI JIAOYU SIXIANG DE SHANGUANGDIAN

出 版 发 行	教育科学出版社				
社　　　址	北京·朝阳区安慧北里安园甲 9 号		邮　　编	100101	
总编室电话	010-64981290		编辑部电话	010-64989436	
出版部电话	010-64989487		市场部电话	010-64989009	
传　　真	010-64891796		网　　址	http : //www.esph.com.cn	
经　　销	各地新华书店				
印　　刷	北京市大天乐投资管理有限公司				
制　　作	北京京久科创文化有限公司				
开　　本	720 毫米 ×1020 毫米　1/16		版　　次	2023 年 10 月第 1 版	
印　　张	11.75		印　　次	2023 年 10 月第 1 次印刷	
字　　数	127 千		定　　价	36.00 元	

图书出现印装质量问题，本社负责调换。

前　　言

尊敬的教师们、家长们，亲爱的读者们！

您此时翻开的是一本从未有人写过的书，我相信，此书会为您增添教育方面的知识，书中闪光的教育思想会点燃您心中之火，也会照亮他人之路。

这本书为《苏霍姆林斯基教育思想的闪光点》。苏霍姆林斯基的名字以及他那卓尔不群、时时处处散发光芒的教育成果，早已为我国广大读者所熟知，甚至可以说家喻户晓。我国有许多研究苏霍姆林斯基的专家、教育者都在著作和文章中研究、赞美过他，称他为闻名于世、出类拔萃的教育理论家和实践家。我国教育理论家朱永新在《苏霍姆林斯基教育箴言》一书前言中，对苏霍姆林斯基做了高度评价："中外教育史中，几乎很难找到第二位像苏霍姆林斯基一样，既拥有深厚的学术素养，又拥有丰富的教育实践，还以常人难以想象的勤奋与坚持，记录下自己的思考与探索的教育家。"

朱永新的这句话，我十分赞同，因为他道出了我的心里话。

苏霍姆林斯基是苏联杰出的教育理论家和教育实践家，俄罗斯联邦教育科学院和苏联教育科学院通讯院士。他忠诚地热爱教育事业，在平凡而伟大的教育岗位上，真真切切地奉献出自己；他勇于求索，在艰辛的路途上历经磨难、不畏劳苦去攀登，呕心沥血、孜孜不倦地写出蜚声海内外的教育诗篇；他品德高尚、心地纯美，放着高官不做，默默无闻、脚踏实地地在一所农村中学工作。在短暂的一生中，苏霍姆林斯基把自己塑造成了一位永远留在人们心中的人，一位真正的、大写的人。

在世界教育史上，像苏霍姆林斯基这样伟大的教育家，身上定然具有与众不同、卓尔不群的闪光点。关于这一点，我作为苏霍姆林斯基作品的一名译者，及酷爱阅读与研究苏霍姆林斯基作品的一名作者，曾在我所编著的《走进教育家苏霍姆林斯基》一书中这样写道："最让人尊崇的是他思想上、人格上那些伟大的闪光点，如他总是提倡'尽义务''给予''给别人带来欢乐'的'奉献'思想；'每一个人都可能成为优秀人才''培养真正的人'的'人是最宝贵的财富'的思想；'尊重学生''我把心给了孩子们'的'爱孩子'的思想以及'要为理想选择劳动的一生''劳动使人聪明'的'爱劳动'的思想等。他的这些闪光点，将永远激励、指引着后人，也能像他那样去发光"。

然而，我后来并没有专心去研究、详述苏霍姆林斯基教育思想的闪光点，这是我的不足。也许，我认为自己不过是一名译者，比我睿智、高明的教育家、学者更熟知苏霍姆林斯基，他们一定会写出高水平的研究作品，我一直在等待。

岁月飞逝，2021年，我出版了3本关于苏霍姆林斯基的译作，还意外得到顾明远、朱永新、赵忠心三位权威教育专家的推荐。大家称我为"专家"实在是过奖了，我既喜悦又深感不足。喜悦的是苏霍姆林斯基的作品得到权威推荐，值得广大读者去品读，这是我希望看到的；不足的是没有兑现详述苏霍姆林斯基教育思想之闪光点。于是，我决定在有生之年，把它写出来，即使内容较浅，也算是留下一点痕迹。

首先书写的是"我生活中最重要的就是爱孩子"一章，这是苏霍姆林斯基的教育思想中最引人赞美的闪光点。我在书写这一章时，不由得想到"人生的选择只在一念之间"，而苏霍姆林斯基之所以超越了平凡，就在于他主动申请到位于农村的帕夫雷什中学任语文教师之职。正是这一选择，才使他后来成为一位功勋教师，成为苏联教育科学院院士和举世闻名的教育家。他创办了"快乐学校""家长学校"，把孩子视为亲生孩子去爱、去培养，并说出"我把心给了孩子们"。就是这一句，让我赞叹：举世无双！

苏霍姆林斯基终生的目标就是"培养真正的人"，而且以"怎样培养真正的人"为名著书一部，书中教诲多达 59 条，条条可谓育人箴言。这本书由教育科学出版社列入"20 世纪苏联教育经典译丛"出版，深受教育界和广大读者好评。

此外，苏霍姆林斯基提倡人人都应当"尽义务""给予""奉献"，也高度重视"劳动教育"，他提出人人都应该是劳动者，都应当"爱劳动"，这些理论与思想都给世人留下深刻的印象。

我阅读着，学习着，思考着，撰写着，越来越觉得苏霍姆林斯基的教育思想中还有许多非凡之处。比如，他为了孩子创办"家长学校"，经常与家长联系、交流，在家长学校举办关于如何培养好学生的讲座。他书写的《家长教育学》《同父母的七次谈话》，体现了他对家庭教育深深的关切，认为"再没有比父母的育人之道更为复杂之道了"。所以，我认为苏霍姆林斯基的家庭教育思想实在独树一帜。

在书写"童话给孩子的世界赋予了生命"一章时，我深深体会到，鲜少有人像苏霍姆林斯基那样，为了孩子不辞辛劳地去收集故事、编汇童话。他自己编写的同时也爱讲童话故事，尤其喜欢在书中引用童话故事以充实自己的教育理论与学说，这一点，也是他的闪光之处。

　　本书的最后一章围绕苏霍姆林斯基热爱阅读、视书籍如最宝贵的财富展开。他从小爱书，在上学期间天天去图书馆阅读；成为教师后，他还在学校创办图书节，号召学生建立自己的图书馆，仅他自己的藏书就有近两万册之多，他对读书重要性的认识和思考也是一个重要的闪光点。要知道，苏霍姆林斯基的学历并不高，能在短暂的人生岁月里写出 41 部著作、数百篇文章，而且价值非凡、誉满全球，不得不说，这些成就都是建立在热爱书籍这一基石上的。

　　尊敬的教师们、家长们，亲爱的读者们！

　　如果翻阅我的这部拙作能给您增添点滴的知识，在某些方面有所启迪，那将是我莫大的荣幸。还须特别说明一点，为了阐述苏霍姆林斯基教育思想的闪光点，书中必然会引用他的著作中的一些语段。在此，我向苏霍姆林斯基著作的译者深表谢意，对您的付出表示敬重。另外，由于我学习、探讨与研究苏霍姆林斯基的作品较浅，外加年事已高，书写时难免文笔不佳，或许有论说不当之处，还望读者们海涵并指正。

作者于 2023.7

苏霍姆林斯基小传

苏霍姆林斯基的全名叫瓦西里·亚历山德罗维奇·苏霍姆林斯基。他是苏联时期杰出的教育实践家和理论家，俄罗斯联邦教育科学院和苏联教育科学院通讯院士。

苏霍姆林斯基（1918—1970）

苏霍姆林斯基于 1918 年 9 月 28 日出生在乌克兰瓦西里耶夫卡村的一个贫苦农民家庭。他的父亲是一个农民。第一次世界大战时，父亲当兵负了伤，战后拄着拐杖回到家中。十月革命前，父亲在地主庄园当过木匠，木工手艺十分精湛。1918 年，父亲又拿起了武器捍卫苏维埃政权，是村里的先进人物，后成了一名共产党员。

苏霍姆林斯基的母亲是个家庭主妇，与丈夫一起养育了 4 个孩子，建立了一个温馨的家庭。她尤其重视对孩子的教育。除了才华横溢的苏霍姆林斯基，其余 3 个孩子也很有出息，后来都成了乡村教师。

1926 年，8 岁的苏霍姆林斯基上了小学，就读于瓦西里耶夫斯克的一所七年制学校，是该校最有才华的学生之一。

1933 年，苏霍姆林斯基从七年制学校毕业。当时，由于苏联普通学校急剧增加，迫切需要大量师资，他就毅然选择去克列明楚格师范学院的师资培训班学习。

在师范学院文学系学习期间，他很少走出学院的大门，人们经常在学院的图书馆里见到他的身影。许多年后，一位新闻记者向已是教育科学院通讯院士的苏霍姆林斯基问起他在大学时代醉心于何事，他的回答只是一个字："书！"

1934年，苏霍姆林斯基从师资培训班毕业，正是在这里，他立下誓言，要将自己的毕生精力奉献给祖国的教育事业。

从1935年开始，苏霍姆林斯基先后在奥努弗里耶夫斯克区的瓦西里耶夫斯克和济布科夫两所七年制学校教乌克兰语和文学，也就在这时，他加入了共青团。

1936年，苏霍姆林斯基前往波尔塔瓦师范学院继续深造，其间先后获得了初级中学乌克兰语文教师资格和高级中学乌克兰语文教师资格。

1938年，他从波尔塔瓦师范学院毕业。从1938年到卫国战争爆发，苏霍姆林斯基一直在奥努弗里耶夫斯克中学任乌克兰语文教师，后又任教导主任。1939年8月，苏霍姆林斯基在该中学被吸纳为共产党员，当时年仅21岁。

1939年9月1日，德国入侵波兰，第二次世界大战爆发。1941年6月22日，德国进攻苏联。7月的一天，苏霍姆林斯基接到军事委员会的通知，让他去军事学院学习。7月28日，苏霍姆林斯基被授予初级政治指导员称号。一星期后，被任命为连政治指导员的苏霍姆林斯基已战斗在硝烟弥漫的保卫祖国的防线上了。

关于这段经历，苏霍姆林斯基曾这样回忆："我从战争一开始就上了前线，先后参加了斯摩棱斯克方面和莫斯科市郊的战役，之后又参加了加里宁市前线的战斗。1942年，我在尔热夫市郊受了重伤，在乌瓦镇和乌德穆尔特亚住了几个月医院。出院后，我作为伤残军人复员了。"①

伤愈出院后，苏霍姆林斯基到教育委员部报到，委员会主席问他："您之后打算干什么呢？"

"我想去学校，我本来就是一个教师……"苏霍姆林斯基毫不犹豫地答道。于是，苏霍姆林斯基又重返了教育岗位。不久，苏霍姆林斯基被任命为乌瓦镇工人村一所中学的校长。

1944 年秋天，苏霍姆林斯基同妻子安娜·伊万诺夫娜·苏霍姆林斯卡娅回到了乌克兰，他在乌克兰的基洛夫格勒州奥努弗里耶夫斯克区工作了 4 年，任区国民教育局局长，同时还在中学里兼课。

1948 年，根据苏霍姆林斯基的请求，他被任命为帕夫雷什中学校长。从此直至去世，长达 22 年之久，他始终没有离开过这所学校，一直担任着校长、教师之职。

在这 22 年中，苏霍姆林斯基作为校长，一心扑在教育上。他不仅是一位尽职尽责的学校领导、教师的楷模，更是学生的良师益友，他把每一个学生都视为"我的孩子"。在上课之前，他会把孩子们迎进校门，放学了总要一一送走孩子们，然后才去做自己的事情。他把学校称为"我的家"，他的妻子也在这所学校任教。苏霍姆林斯基付出了全部的心血，使这所极为普通的农村中学的教育水平达到了苏联当时最优秀的水平，也使这所中学成为先进教育的实验地。他获得并总结出的先进经验，是教育领域里一笔巨大的财富。

1959 年，苏霍姆林斯基被选为乌克兰教师代表大会的代表，在这次大会上，他被授予"功勋教师"的称号。1960 年，他被选为全

---

① 苏霍姆林斯基复员时被定为"二等伤残军人"。关于这段战斗史，苏霍姆林斯基从不宣扬自己的功绩。

俄教师代表大会的代表；1968 年 6 月，他被选为全苏教师代表大会的代表，也就在这次教师代表大会上，他被授予"社会主义劳动英雄"称号。另外，他还曾荣获两枚列宁勋章、多枚苏联奖章和一枚马卡连柯奖章。

与此同时，苏霍姆林斯基在教育方面的创作也进入了一个新的阶段。他撰写了大量教育专著和论文，创作专著 41 部，论文 600 多篇，寓言、童话故事 1000 多篇。1955 年，他的首部专著《学生集体主义的培养》问世。20 世纪 60 年代是他创作的高峰期，他相继出版了《学生的精神世界》《年轻一代共产主义信念的形成》《帕夫雷什中学》《我把心给了孩子们》等。特别是《我把心给了孩子们》一书，已再版多次，荣获乌克兰苏维埃社会主义共和国教育协会一等奖（1973 年）和乌克兰国家奖（1974 年）。

教育家苏霍姆林斯基在生命的最后几年写成的主要著作还有《公民的诞生》《培养集体的方法》《和青年校长的谈话》《给教师的100 条建议》《给儿子的信》《全面发展的人的培养问题》《怎样培养真正的人》等。这些著作汇成了苏霍姆林斯基教育科学思想的宝库。他的专著还被译成 30 多种文字在世界各地出版，引起了全世界教育工作者的重视与研究，获得了高度的评价和赞誉。

由于苏霍姆林斯基功绩卓著、著作丰厚、才华出众，1968 年 2 月，他被推选为苏联教育科学院通讯院士。

在此期间，苏霍姆林斯基还作为一名教育活动家，积极参加了各种教育科学研究方面的学术报告、会议、座谈会等。苏联教育科学院和教育部多次派他出国访问、讲学，他先后去过古巴、民主德国、保加利亚、匈牙利、罗马尼亚等国。到国外作学术报告、讲学，这对个人来说是一种莫大的荣誉，但他从不夸耀自己，而是把这种荣誉当作激励自己的动力，更无私地将自己奉献给教育事业。

1970年9月2日晚8时30分，苏霍姆林斯基由于病情恶化，心脏停止了跳动。他的去世引起了世界许多国家人民的关注，前去吊唁的人络绎不绝。苏霍姆林斯基在人们心中树立起了一座不朽的丰碑，他永远活在人们的心里。

苏霍姆林斯基生前总爱重复一句话："人生下来，并不是为了像无人问津的尘埃那样无影无踪地消失，人生下来是为了在自己身后留下痕迹——永久的痕迹。"这句妙语佳句，正是他本人的写照。

苏霍姆林斯基生前一再教导人们，要做一个全面发展的人、一个有教养的人、一个真正的人，而他恰恰就是一个做人的楷模，一个有教养的人，一个品德高尚的人，一个真正的大写的人。

作者简介

　　蔡汀，原名蔡兴文，1933年10月25日生，1950年底参加抗美援朝战争。转业后，先后在文化部社管局、国家图书馆工作，1987年被评为副研究员，1993年退休。一生几乎都在与俄语打交道，从1955年起开始翻译与写作，直至今日从未停笔。2023年被中国翻译协会授予"资深翻译家"荣誉称号。

　　主要作品：

　　翻译、主编《苏霍姆林斯基选集》（五卷本），由教育科学出版社于2001年出版，曾获"第六届国家图书奖"提名奖、"第三届全国教育图书奖"一等奖。

　　翻译、主编《莫泊桑中短篇小说全集》（四卷本），由河北花山文艺出版社于1996年出版。

　　译著作品有《怎样培养真正的人》《走进教育家苏霍姆林斯基》《家长教育学》《苏霍姆林斯基给儿女的家书》《苏霍姆林斯基讲美德故事》《书成就梦想》《马克思的自白》《马克思的青年时代》《名画的诞生》《礼貌城的故事》《小马戏演员》等三十余部。

　　传记录入《中国图书馆名人辞典》《中国当代著作家大辞典》《中华名人大典》等。

目　　录

我生活中最重要的就是爱孩子

我生活中什么最重要呢？我可以不假思索地说：爱孩子。

在我们的教育中，最核心的是把自己的学生视为活生生的人。

我奉献生命，就是为了使孩子们成为幸福的人。

"爱孩子"是苏霍姆林斯基闪光的教育思想中最突出的一点。他坚信，作为教师，只有深深地去爱孩子，才能成为一名好教师，而苏霍姆林斯基正是爱孩子的楷模。他爱孩子，并不是停留在口头上，而是时时处处都用行动表达对孩子们的爱：他不仅与孩子们亲密地生活在一起，同欢乐共幸福，而且尊重他们独一无二、与众不同的个性，因为他相信，孩子是未来——祖国的未来、人民的未来，是财富——高于一切的宝贵财富，是欢乐——教师的欢乐、父母的欢乐。

　　教师只有把自己课堂上的每一个孩子都看作是未来、是财富，致力于将孩子栽培成有益于社会的真正的人，那他才配称作一名优秀的教师、一名优秀的教育工作者。

爱孩子，从最初的选择开始

　　每个人都是平凡的普通人。不同的是，有的人一生平平淡淡，甚至碌碌无为，而有的人却在自己热爱的事业中做到了出类拔萃，活出了生命的精彩。苏霍姆林斯基把自己全部奉献给了教育事业，一生都致力于培养真正的、大写的人。他对孩子有着非凡的爱心。他爱孩子，不是停留在口头上，而是时时处处用行动表达对孩子的爱。

　　要探究苏霍姆林斯基对教育事业、对孩子们满腔热忱的缘由，就必须寻索他青年时期做出的选择。1933年，他考入了克列明楚格师范学校，后来又在波尔塔瓦师范学院进一步深造，这些经历奠定了他一生投身教育事业、为培养真正的人奉献自己的基础。

　　不曾想，在第二次世界大战中，德国法西斯入侵苏联，苏联发出了参加卫国战争的号召。当时，苏霍姆林斯基作为一名优秀学生，一名共产党员，毫不犹豫、毅然决然地上了前线，与德国法西斯英勇战斗。不幸的是，他在一次保卫莫斯科的战役中身负重伤，被送进医院治疗。伤愈后，仍有两块弹片一直残留在他的胸部。

　　出院后，苏霍姆林斯基作为残疾军人复员，他到教育人民委员部报到，委员部主席向他："您之后打算干什么呢？"

　　"我想去学校，我本来就是一名教师……"苏霍姆林斯基毫不犹豫地答道。

1944 年，苏霍姆林斯基携妻子回到乌克兰，在乌克兰的基洛夫格勒州奥努弗里耶夫斯克区任国民教育局局长。

身居官职对一般人来说也许是求之不得的，可是苏霍姆林斯基却与众不同：他不看重教育局局长的地位和名声，也不愿享受军人复员后的优沃待遇，他坚决辞去教育局局长的职务，要求到偏僻的农村中学——

帕夫雷什中学校舍

帕夫雷什中学任教。领导批准了苏霍姆林斯基的请求，他如愿去帕夫雷什中学当了一名语文教师。

在这一初看起来普普通通的选择中，却蕴藏着伟大的种子。只因这个选择，他才实现了自己的人生目标，那就是成为教育者，把孩子培养成真正的人；只因这个选择，他才实现了创办"快乐学校""蓝天下的学校""家长学校"的愿望；只因这个选择，他才写出了凝结着自己一生教育智慧的几十部著作；只因这个选择，他才被誉为举世闻名的教育实践家和理论家；也只因这个选择，他才在人们的心目中成为楷模，成为一个品德高尚的人，一个真正的、大写的人。

苏霍姆林斯基之所以成就了教育事业的辉煌与伟大，就在于他最初的选择，这个选择的重要性，相信各位读者将会在阅读中逐步品味到。

为了爱孩子，别具一格之创举

　　苏霍姆林斯基刚进入帕夫雷什中学时任职文学教师，1948 年后，他才被任命为帕夫雷什中学校长。但即便在担任普通教师的这段时间里，他也兢兢业业、全身心地扑在教育事业上。为了孩子，他费尽心力、别具一格地做出了一般教师想不到、做不到的创新之举。

　　其一，创办"快乐学校"。

　　在《我把心给了孩子们》这部著作中，苏霍姆林斯基对学校、教学的重要意义发表了精妙的论述。

　　我在任教最初的几年间就已经明确，真正的学校并不仅仅是儿童获取知识和技能的场所。学习是儿童精神生活中非常重要但不唯一的领域。我对我们惯常所说的教学过程观察越精细，就越确信：真正的学校，就是儿童集体丰富多彩的精神生活，而教育者和被教育者都在其中因许许多多志趣和爱好结合在一起。一个只在上课时隔着讲桌跟学生会面的人是不会了解儿童心灵的；而不了解儿童，就不可能成为真正的教育者。孩子们的思想、情感和意愿对这样的人就会隐藏。教师的一张讲桌有时会变成一堵高大的石墙……

　　在这段论述中，苏霍姆林斯基充分揭示了儿童的精神生活在学校教育中的重要价值，而让儿童"快乐"地学习，也成为他创办"快乐学校"的主要"基调"。

提到苏霍姆林斯基创办的"快乐学校"，许多人都称其为"创举"，并非我的一家之言。我参阅了《把整个心灵献给孩子》一书的译者评介，读来令我敬佩不已。在以"园丁的心"为题的前言中，译者写道："本书第一部分所讲述的'快乐学校'，就是这位教育家出自爱心的一项成功的创举。"啊，真妙！我内心自然流露出遇见知音之感。为什么说"快乐学校"是苏霍姆林斯基许多举措中的重要创举呢？那是因为不仅在过去，即使是在教育理念十分先进的当下，把"快乐"作为办学的宗旨也是一般学校很难办到的。像苏霍姆林斯基这样，在孩子们入学前，就将他们招收进来，成立一个小学预备班，让孩子们尽享在"快乐学校"里收获知识、互助友爱的快乐、幸福和美好的生活，实在是教育史上别出心裁的举措。

听，苏霍姆林斯基在对孩子们说话：

"孩子们，我们上学校去。"我对小家伙们说着就向果园走去。孩子们疑惑不解地望着我。

"是的，我们上学校去。"我们的学校将来就在蓝天底下，在绿草地上，在大梨树下，在葡萄园里，在牧草场上……

"咱们上学就从这儿开始，我们要从这儿看蓝天、果园、村子和太阳。"

苏霍姆林斯基怀着给孩子们带去快乐的心愿，在"蓝天下"开办学校，不但经常给孩子们讲美妙、有趣的童话故事，还把他们带入"幻想"的世界，让他们学着编故事，其中有些故事经过他的修改后，再讲给孩子们听。

在"快乐学校"里，苏霍姆林斯基还常常带领孩子们到劳动的世界中去"旅行"，让孩子们的世界中不仅环绕着自然之美，而且充盈着劳动带给人的欢乐。

孩子们的健康状况也是"快乐学校"考察的一个重要方面。孩子们天性喜欢运动，喜欢跑跑跳跳，于是苏霍姆林斯基给他们修建了一个游戏场。

此外，苏霍姆林斯基认为，教师与学生不仅是师生之间的关系，还应该是朋友和同志的关系。更为重要的是，他认为教师对孩子来说"应当是一个与生母一般亲昵可爱的人"。只有教师爱学生，学生才会更爱教师；只有教师把学生当作朋友，学生才会把教师看作德高望重的师长和朋友。

由此可见，创办"快乐学校"是苏霍姆林斯基发自内心爱孩子的一项伟大的创举。

其二，创办"家长学校"。

苏霍姆林斯基作为一位伟大的教育理论家、实践家，他的许多教育智慧和学说是人所共知的，而他在家庭教育领域内的研究和探索同样建树卓越。早在任职帕夫雷什中学语文教师时起，他就十分强调"学校教育离不开家庭教育"。他认为，要实现学生全面和谐发展的目标，必须充分结合学校教育与家庭教育。一个孩子能否全面发展，取决于父母在孩子面前是怎样的人，也取决于孩子怎样以父母为榜样去认识人与人之间的关系。

子女是家长精神生活的一面镜子。在"快乐学校"里，要想全面地了解孩子，就必须了解孩子的家庭，尤其是孩子的父母。如果做不到这一点，真正的教学就是不存在的。

为了培养好帕夫雷什中学的学生，苏霍姆林斯基不遗余力地花费时间去了解每一个学生的家庭情况，这一举措成为帕夫雷什中学家庭—学校教育的开端。苏霍姆林斯基认为，教育学不仅是学校教师应当懂得的理论，也是学生家长应当知晓的事理。为此，他创办了"家长学校"。

参加家长学校的家长分两部分：一部分是孩子离入学还有一两年的家长，受邀后可以自愿加入家长学校进行学习；另一部分则是已入学学生的家长，他们必须进入家长学校参与学习。家长学校里并不开设教育学、心理学课程，而是以分组座谈的形式开展。家长们共分五个组，包括学前班组、一、二年级组，三、四年级组，五至七年级组和八至十年级组。每组每月活动两次，活动形式主要是由校长、教导主任和经验丰富的教师进行讲课和谈话。

苏霍姆林斯基在《给教师的建议》中写道："我们尽量做到，让每一位父亲、每一位母亲都能够把在家长学校里学到的理论知识跟自己孩子的精神生活联系起来。……没有家长学校，我们就不能设想会有完美的家庭—学校教育。"

与此同时，他还在书中列出了"家长学校"的一系列谈话题目，如"儿童从 3 岁到 7 岁的身心发展"（学前组），"家长的公民义务感对儿童教育的影响"（一、二年级组），"学校和家庭里的审美气氛"（三、四年级组），"怎样培养少年的兴趣"（五至七年级组），"青年时期世界观的形成"（八至十年级组）等。

随着"家校社协同育人"逐渐成为我国教育高质量发展的社会共识，苏霍姆林斯基"家长学校"的教育理念和构建举措可为我国教育者们提供宝贵的参考和借鉴。

1982 年，苏霍姆林斯基的《家长教育学》在国内出版。1988 年，苏霍姆林斯基的夫人整理、汇编、出版了俄文版的《父母的智慧之爱》，为丰富其内容，增加了《给儿子的三十封信和给女儿的信》。2021年，我根据《父母的智慧之爱》一书重新翻译，并以"家长教育学"这一书名出版。这本书基本上是以苏霍姆林斯基在"家长学校"里同父母们谈话为蓝本编写而成的，是他把学校教育建立在家庭的良好教育基础之上的体现。

关于苏霍姆林斯基的这部《家长教育学》，顾明远评价道："苏霍姆林斯基非常关心家庭教育，认为教育要从家庭开始。"朱永新说："父母带给孩子什么，往往决定了孩子会成为什么样的人。"他又说："苏霍姆林斯基的《家长教育学》用朴素易懂的语言，讲述了家庭教育的深刻道理，为父母与孩子一起成长指明了方向。"赵忠心说："全书（《家长教育学》）引用大量活生生的事实，叙述生动活泼，深入浅出地向家长说明教育子女的科学道理，是一部富有教育意义的家庭教育专著。"

以上三位教育专家的论述足以证明苏霍姆林斯基创办"家长学校"，在一次次谈话中为家长们答疑解惑等举措的伟大。《家长教育学》这部著作对我国广大家长、家庭教育工作者和学校教育工作者都有巨大的启迪作用和借鉴意义。

有人也许会问，创办"家长学校"很困难吗？答案是肯定的，它需要学校教师持续地去组织、去领导，需要教师和家长建立和谐友好的关系，需要教师花费许多时间去了解、研究孩子在学校、家庭的情况，需要教师和家长共同探讨如何把孩子培养成为真正的人……。创办"快乐学校"和"家长学校"实属不易，但也只有他人难以创造的东西，才称得上是苏霍姆林斯基的独出心裁。

爱孩子，就要相信孩子，尊重孩子的人格

在教师的劳动中，什么是最重要的呢？苏霍姆林斯基是这样说的。

我对此思考了32年，可要做出回答并不容易，因为在我们的事业中没有次要的东西。但毕竟还是有教师劳动最核心的部分。

亲爱的朋友，未来的教师！在我们的劳动中，最核心的是把自己的学生视为活生生的人。教学——不是把知识从教师的头脑搬入学生的头脑，而首先是教师和学生的活生生的人际关系。

此语说得何等之妙！教师与学生不是管理与被管理的关系，而是平等的人与人之间的关系，所以，教师必须把学生视为应被尊重的人。一位优秀的教师，必须把学生当作未来最宝贵的财富，平等地对待他们，尊重他们的人格。

《苏霍姆林斯基选集》中有这样一个小故事。

在一所学校里，不久前发生过这样一件事。学生阿廖沙怎么也弄不明白，植物怎样吸取营养，怎样呼吸？叶片是怎样从幼芽长大的？果实又是怎样由花朵演变而成的？生物教师看阿廖沙回答不出问题，便指责他说："连这样简单的东西都不懂，你还能干什么？"

阿廖沙听了生物教师的嘲讽，渐渐失去了自信心。别的学生都懂得

的东西，他却觉得难以理解，在他通往知识的道路上已堵上了不相信自身力量的高墙。有一次，生物教师上课时对学生们说："过几天栗树就发芽了，我们全班都到林子里去看看。如果在那里阿廖沙还说不出每个人都懂得的知识，那他就毫无指望了。"这位教师很喜爱自己亲手用种子培育出来的小栗树林荫道。可当全班来到这里时，教师惊呆了：树上的幼芽已被揪得精光，孩子们都傻了眼。可在阿廖沙的眼睛里，刹那间却闪出幸灾乐祸的火花。

苏霍姆林斯基对此做了点评：

在这种行为之后隐藏着的是什么呢？是一颗心的深沉痛楚，是怨恨，是精神力量的狂烈迸发，是情感的爆炸。小男孩在表示反抗。他在教师的言语里感到了恶意，于是他以恶报恶，有时甚至有奇怪和荒诞的做法。

但更常见的是这种情况：一个接二连三得2分的学生跟自己的厄运妥协了，从此习以为常地认为自己什么也不行。当我看到有学生冷漠而顺从地"听"教师的指责和训斥时，我心里就充满了愤怒。我年轻的朋友，要害怕出现这种现象甚于烈火，要害怕出现对什么都俯首帖耳的顺从和沉默的学生。这是一个人身上最可怕的东西……

我国著名教育家顾明远教授曾在《给教师的建议》一书的前言中谈道："苏霍姆林斯基教育思想的核心是人道主义。'相信人，相信每一个孩子'是他的教育信条。"

1960年，苏霍姆林斯基出版了名为《要相信人》的教育著作。20世纪80年代在我国出版时译为《要相信孩子》，其实苏霍姆林斯基的原意是不仅要相信孩子，而且要相信他人、关心他人。

关于此书的中译名还有一段小插曲。有一位编辑主任曾拿《要相信孩子》书稿征求过我的意见，问我"这本书的书名应译为什么"。我看了看原书的书名，脱口而出"应直译为'要相信人'"。但之后我们在一起议论了一番，认为译作"要相信孩子"也没有什么错讹。"要相信孩子"的译法与苏霍姆林斯基的教育思想是一以贯之的，那就是孩子虽小，但也是独立的个体，只有把孩子当作人来看待、尊重，他们才能健全地成长。

苏霍姆林斯基曾说过："要尊重学生。这是帕夫雷什中学的校长和整个教师集体所确立的首要信条。"此语言简意深地传达了这样一条教育至理：只有首先把学生当作独立的个体、尊重他们，教师们才能成为合格的教师，学生才能作为真正的、大写的人走出校园，走向社会。

爱孩子，就要了解孩子

　　苏霍姆林斯基认为，一个好教师，不仅要在课堂上用心去教导自己的学生，而且应当深入地了解孩子。

　　苏霍姆林斯基十分重视使教师认识到了解孩子之重要。他在《我们的职责是培养人》一文中做了深刻的论述。他说："教师越来越深刻地感觉到，让孩子为将来学好学校的课程做好准备，仅

了解孩子，是开启教育之门的钥匙

仅是其中的一项任务，而且是一项并不太重要的任务。最重要的任务其实是深入孩子的内心世界，研究孩子的思想、感情、性格、意志和兴趣。教育的任务首先是了解孩子，而为了了解孩子，就应该不断地观察、研究孩子。不了解孩子，不深刻注意发生在他们内心深处的复杂活动，我们的教育就是盲目的，没有任何意义的。"

　　而怎样才能了解孩子？怎样做才能观察他们、研究他们、看清他们？这些问题一直萦绕在他脑海中。

　　苏霍姆林斯基曾以学者身份出访保加利亚，在与保加利亚教育专

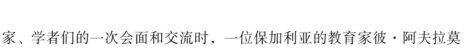

家、学者们的一次会面和交流时，一位保加利亚的教育家彼·阿夫拉莫娃问苏霍姆林斯基："依您之见，我们教育工作最重要的任务是什么呢？"

苏霍姆林斯基立即回答说："了解孩子。"当时在场的教育专家、学者们都对"了解孩子"这一议题兴趣盎然。

那么首先要了解孩子的哪一点呢？

苏霍姆林斯基又言："从你走上教师道路的那一天起，你就应该在心里暗暗地发誓：要开发每一个孩子的天赋、才能和智力。而为此就必须了解你所培养的人，了解孩子们的健康状况，了解他们思维的个性特点，了解他们智力发展的优势和不足。"

从苏霍姆林斯基的这段话来看，他认为，爱孩子，首先要了解孩子的健康。

对学生健康的关注是头等大事。健康的身体是人从事一切活动的基础。良好的健康状况和充沛旺盛的精力是产生战胜一切艰难险阻的意志的一个极重要的源泉，而生病、体弱则是学生成绩不佳的祸根。可惜，在现实中，有个别教师、家长只注重孩子的成绩，成绩提高就高兴得不得了，满脸笑容；成绩不佳，就一脸愁容，甚至训斥、打骂孩子，其后果只会越来越糟。为此，我想奉劝一些教师、家长们，读一读苏霍姆林斯基关于了解孩子的一些教诲，看看自己的行为是否对孩子有益，相信你们会在深思中找到答案的。

爱孩子，也要了解孩子的思维。

这里提出一个问题：在同一个班级里，有的孩子能迅速理解习题并解答出来，而有的孩子就做不到，是这些孩子的头脑不如别的孩子吗？不是的，人的大脑发育水平大都是一样的，只不过有些孩子在其生活初期所处的环境没有激发他的大脑，也没有赋予这些孩子在幼儿时期愿意去主动获取知识的能力罢了。

苏霍姆林斯基曾说："思维是从'为什么'这一问题开始的。"比如，蜜蜂飞到开花的苹果树丛中，然后又飞走，飞到哪里？为什么？一只小鸟在树上筑巢，而另一只小鸟却在屋檐下搭窝，为什么？……我们的教师们、家长们回答孩子们的提问越多，孩子们的好奇心就越强，发现周围的事物就越多，孩子们随之激起对事物的惊奇、惊讶、欢乐也就越多。

在一些人的脑海里，直到现在还秉持着一种极为错误的见解，认为孩子在入学前，其意识如一块白板，无须让他们去读书、观察世界。对孩子提出的一些问题，大多数人只会回答："等你上了学就会知道了。"孩子的求知欲就这样被压了下去，逐渐变成了一个难管教的孩子。

除了苏霍姆林斯基在正文提到的两个方面，作为一个好教师，要了解孩子的地方还有很多，比如孩子的爱好和兴趣，在家里如何与父母相处和沟通，如何与伙伴们交往，等等。

一名好教师应该更多、更深入地了解孩子，应该懂得我们了解的不只是孩子，而是真正的人。

我把心给了孩子们

  本文题目出自《我把心给了孩子们》一书，此书是苏霍姆林斯基所有杰作中的一部精品，曾获乌克兰苏维埃社会主义共和国国家奖和乌克兰教育协会一等奖，被再版多次并译成十几种语言文字。在我国，这本书曾被译为《把整个心灵献给孩子》，也有人译为《我把心献给儿童》《把心灵献给孩子》，译名不同，但都是同一部作品。

  我非常主张将这本书译为《我把心给了孩子们》，这是因为苏霍姆林斯基在本书的前言中这样写道："在一所农村学校身不离校地工作二十二年，这对我来说是无与伦比的幸福。我把自己的一生都献给了孩子们，所以考虑很久之后给这本书命名为《我把心给了孩子们》。我认为，我是有这个权利的。"

  苏霍姆林斯基把自己的一生都献给了孩子们，这是他非凡而又伟大之处，可以说，这是普通教育工作者难以比拟的，更是难以做到的。

  《我把心给了孩子们》这部著作论述的是"教师的心"，一颗热爱教育工作、热爱儿童的火热的心所迸发出来的无穷的创造力和生命力。

  苏霍姆林斯基的非凡之处在于他对教育满怀热忱，时刻心系孩子和学校，即使身在远方，他的心也还在帕夫雷什中学、在学生身上，实在了不起！

他的伟大之处还在于他把学生看作是自己的孩子，像父母爱自己的子女那样去爱学生。这里蕴含着一个道理：如果教师没有像父母对子女的那种情感，他就很难对孩子奉献出深沉的爱。

在我国，同样有这样一位对学生无私奉献的教师，她叫张桂梅，是全国劳动模范、七一勋章获得者，我国教育界的楷模。张桂梅原本在云南大理一所中学教书。1995 年，她主动申请调到偏远的丽江市华坪县工作，在这里教书一段时间后，张桂梅发现当地许多女学生因家中贫困而辍学，目睹一幕幕悲剧，一个想法渐渐在张桂梅心中萌发——办一所免费女子高中，让大山里的女孩都能读书。2008 年，在各级党委政府的关心和支持下，全国第一所公办免费女子高中——丽江华坪女子高级中学正式成立。她的无私奉献，最终培养出了许多有益于社会的人才，在校的学生都亲昵地称她为"张妈妈"。她本平凡却彰显出伟大，与苏霍姆林斯基何其相似。她的伟大之处就在于她向孩子们奉献出了深沉而无私的爱。

苏霍姆林斯基的辉煌之处还在于，除了负责教学工作，与孩子们共同学习、生活之外，他在空闲时间还专心从事教育方面的写作，他写作的主题几乎都是如何将孩子培养成人。

著名教育理论家朱永新曾这样描述苏霍姆林斯基："他的生活非常有规律：每天早晨 5 点至 8 点从事写作，白天去课堂上课、听课、当班主任，晚上整理笔记，思考一天工作中遇到的问题。""中外教育史中，几乎很难找到第二位像苏霍姆林斯基一样，既拥有深厚的学术素养，又拥有丰富的教育实践，还以常人难以想象的勤奋与坚持，记录下自己的思考与探索的教育家。"此语言简意赅，道出了苏霍姆林斯基的伟大。

苏霍姆林斯基的一生短暂，仅仅活了52岁，但就在如此短暂的人生岁月里，他令人敬佩地写出41部专著和数百篇论文，他的著作和文章，几乎都与孩子有关，字里行间展露出他是为世界上最崇高的事业——育人事业，奉献自己生命的人。

《我把心给了孩子们》这本书，正是苏霍姆林斯基一生爱孩子最为完美的佐证。在这本书的末尾，他将自己对孩子们未来的希冀和深切的关怀满含深情地表达了出来。

在这里，我认为有必要把改动书名一事进行详细说明。

20世纪80年代，此书以《把整个心灵献给孩子》之名出版，面世后，深受我国广大读者好评。1983年1月，我还得到译者赠书一册，珍重地放在书架上，时而拿起来阅读。我认为，此书的三位译者翻译水平很高，达到了信、达、雅的译文标准。

1999年年末，教育科学出版社决定出版《苏霍姆林斯基选集》（五卷本），并成立了编委会，我被推选为主编之一，承担全书的校译工作。2000年1月，我开始校阅《把整个心灵献给孩子》一书，译者水平高超，故全书改动不大，唯一改动大的地方，就是这本书的书名——《把整个心灵献给孩子》。是译错了吗？并不是。不过我认为这是意译了，作为单行本出版无可非议，但要把这本书纳入选集里，我不由得思考：书名该不该改？后来，出于译者的使命感、主编的责任感，我决定忠实于原文。于是，我特请译者之一赵玮教授到出版社商谈此事。

我的意见是，选入《苏霍姆林斯基选集》（五卷本）里的书，书名不能意译或改译。这本书书名的原文是《Сердце отдаю детям》，"Сердце"译为"心"，"отдаю"是"给"的第一人称，"детям"是"孩子"的爱称，是多数名词。因此我提出：第一，书名中不能没有"我"字；第二，

"心灵"直接译作"心"为好；第三，这里的"孩子"是多数名词，译作"孩子们"更准确。赵玮教授思索了片刻，表示同意我的意见。"我把心给了孩子们"这一书名就这样诞生了。

细想来，如果译成《把整个心灵献给孩子》，没有主语"我"，是有美中不足之处的。

孩子们啊！转眼你们已经都是少年了，你们将来的前程如何呢？今后我还会和你们在一起，带领你们度过青春年华直到你们长大成人。五年来，我拉着你们的手一步一步向前走，我把整个的心都给了你们。诚然，这颗心也有过疲劳的时刻。而每当它精疲力竭时，孩子们啊，我就尽快到你们身旁来。你们的欢声笑语就给我的心田注入新的力量，你们的张张笑脸使我的精神重新焕发，你们那渴求知识的目光激发我去思考……。我遐想未来，仿佛看到你们都已长大成人。我亲爱的孩子们：我看到你们一个个都成长为英勇无畏的苏维埃爱国者，都怀有一颗赤诚的心，都有一个聪慧的头脑，都有一双灵巧的手。

这段话道出了苏霍姆林斯基教书三十多年来的心声：孩子们啊，我把心都给了你们！

我想对亲爱的老师们说，只要您能像苏霍姆林斯基那样，爱孩子，把心交给孩子们，我相信您也能成为一名优秀的教师，成为人们敬仰的教育工作者。

我终身目标就是培养真正的人

人生下来，并不是为了像无人问津的尘埃那样无影无踪地消失。人生下来是为了在自己身后留下痕迹——永久的痕迹。

真正的人要有一种精神——人的精神。

进行道德教育，造就真正的人——就是在号召做一个美的人。

苏霍姆林斯基教育思想的闪光点中最为突出、精彩的一点，就在于他终身努力为之奋斗的目标——培养真正的人。

　　他曾说："我对我的学生们要说的这些言语，就是怎样活着才能使你成为一个真正的人，这并不是为学生们编写出来的抽象的教诲。这些言语是从我的心灵里流淌而出，灌注到几代学生们的心灵中去的。"

　　细细品味苏霍姆林斯基的这段话，字里行间都透露出一位伟大教育家的那颗金子般的心。

　　苏霍姆林斯基早在 1967 年就构想要编写一部关于怎样培养人的著作。1968 年，他已著有 30 余部著作，又荣获苏联教育科学院通讯院士称号，被选为教师代表大会的代表。然而，他并未在荣誉面前止步不前，他不顾自己身患严重的心脏病，在生命的最后两年，一心扑在《怎样培养真正的人》这部新作上，终于在 1970 年基本完稿。可惜，这部关于"怎样培养真正的人"的书稿还未问世，他就与世长辞了。后来，这部书由他的女儿奥莉娅·苏霍姆林斯卡娅整理、加工后出版。此书出版后，许多国家争相翻译出版，产生了广泛而深远的教育影响。在我国，这部书被教育科学出版社列入"20 世纪苏联教育经典译丛"出版。2022 年，听闻教育科学出版社又将此书列入"苏霍姆林斯基教育经典丛书"精编出版，我甚感欣慰。

　　《怎样培养真正的人》融汇了苏霍姆林斯基最为闪光的教育智慧，深受教育界好评。亲爱的读者们，阅读此书，受益无穷。

真正的人，要在自己身后留下痕迹

1968 年，苏霍姆林斯基年届五十，此时他正在书写《怎样培养真正的人》这部他一生中最重要的著作之一。他最先写下的就是"人生下来是为了在自己身后留下痕迹"这一章。

在他的五十大寿前夕，苏霍姆林斯基的夫人打电话通知正在基辅学习的儿子谢尔盖和女儿奥莉娅，请他们务必在 9 月 28 日前回家，参加父亲的寿诞。

谢尔盖和奥莉娅按时回来了。一见到父亲，他们就手捧鲜花送到父亲面前，并祝父亲健康长寿、幸福快乐。苏霍姆林斯基见到儿子和女儿十分高兴，但他马上拿起书稿对谢尔盖和奥莉娅说："这是我刚写完的《怎样培养真正的人》里最重要的一章。这一章里有个童话故事叫《谎花草》，你们看看，寓意何在？"

当时 22 岁正在基辅学语言的女儿奥莉娅抢先读了书稿，读后激动地说："爸爸写得太棒了！这也是对我们的期望吧？"苏霍姆林斯基笑着说："是啊，你们可要当心啊，别像谎花草那样走进生活。如果你虚度年华碌碌无为，在儿女面前、在人们面前你会感到羞愧的。"

是啊，苏霍姆林斯基书写这一篇文章并附以《谎花草》的童话故事，就是要召唤人们去热烈地追求能在世间留下证明自己来过的鲜明痕迹。他的女儿遵循父亲的教诲，后来成为乌克兰教育科学院院士和教授。

从不追名逐利，只追求在世间留下美好的痕迹，这是苏霍姆林斯基不朽的伟大之处。苏霍姆林斯基那句响彻世界的至理名言，也来自《怎样培养真正的人》一书。

人生下来，并不是为了像无人问津的尘埃那样无影无踪地消失。人生下来是为了在自己身后留下痕迹——永久的痕迹。

苏霍姆林斯基的这句妙语箴言，也正是他本人的写照，他以春风化雨的教育智慧在自己身后留下了永久的痕迹。"雁过留声，人过留名"，中国这句古话意指一个人的一生不该无所作为地活着，而要在身后留下美名。而苏霍姆林斯基的这段话有其更深刻的内涵。每个人生下来，都是普通平凡之人，不可能人人都成为英雄人物，也不可能人人都成为政治家、科学家、作家、教育家，但人人都可以在世间留下自己的"痕迹"。此语最令人称道之处，就在于他平等地尊重每一个人，希望所有人都活出生命的价值。

苏霍姆林斯基在其著作中曾提到苏联英雄、鞑靼诗人穆萨·嘉里尔[①]关于留下痕迹的一句话。他说："我的愿望，就是在自己身后留下永不消失的痕迹。"

穆萨·嘉里尔的一生所为，以及他被敌人俘虏后的英雄举止，力证了他的所言。他在狱中书写的用鲜血凝成的诗篇《莫阿比特狱中诗抄》，

[①] 穆萨·嘉里尔（1906—1944年）：苏联鞑靼诗人，苏联共产党员，在卫国战争期间参加前线战斗，后被德军俘往柏林关进监狱，于1944年壮烈牺牲。著有《莫阿比特狱中诗抄》，曾荣获列宁文学奖金。

被后世公认为是穆萨·嘉里尔最后的痕迹，被后人所铭记。可能有人会说，不可能所有人都像嘉里尔那样，能在自己身后留下英雄的、永不消失的痕迹，但我相信，每个人的能量都是无穷无尽的，至少我们不应该成为像无人问津的尘埃那样无影无踪消失的人。

那么，人活着要留下点什么呢？

正如苏霍姆林斯基所说："人应该使自己永远留在人们心中。"这句话寄托的便是他对普通人的希冀：从不无所事事，更不浑浑噩噩，要努力活出价值，受人尊敬，得到称赞，即使在去世后，仍留在人们的心中。我们也常说："要活出个人样来给自己看。"此语也妙，是"人生在世，不虚此行"之真谛。

人活着，就该像苏霍姆林斯基所教诲的那样，做个真正的人！

真正的人，首先要热爱自己的祖国

　　苏霍姆林斯基在《怎样培养真正的人》一书开篇就谈了"真正的人应当是什么样的"。他说："你作为一个人来到这个世界上，但你还要成为一个大写的人。"大写的人，意即为真正的人。作为教育者，首先要意识到，人生下来都是一样的，没有高贵与低贱之分，也没有伟大与渺小之别。一个人的成长关键在于出生之后，所受的教育与社会影响是怎样的；教育就是要去培养、教导人成为真正的人。苏霍姆林斯基教育思想的闪光点，就在于他并非要求人人都成为英雄或伟大人物，而是希望每一个人都能成为真正的人。

　　那么，真正的人是什么样的呢？

　　苏霍姆林斯基说："真正的人要有一种精神——人的精神。……我竭力追求使教育在每一个学生身上树立作为人的自豪感，树立为共产主义理想而斗争的战士那种高尚品格和英勇精神，那种革命者、创造者、思想家的精神。"

　　他以教育者的身份，力求使每一个孩子在其童年时代就能树立忠于祖国、热爱人民的神圣信仰。他说："没有任何信仰的人，不可能有精神的力量，道德的纯洁，也不可能有英勇的精神。"

每个人都是祖国的孩子，只有祖国强大，我们才能昂首挺胸、扬眉吐气。一个真正的人，为了祖国的利益可以献出自己的一切。为了弘扬爱国主义精神，苏霍姆林斯基在《怎样培养真正的人》第一篇中就讲述了少先队员尤拉的英雄故事。不过，他的女儿在整理编辑这部书稿的过程中，将这个故事略去了。这里把小英雄尤拉的故事重新呈现出来。

德军进村的时候，尤拉和母亲没有离开村子，尤拉的父亲和哥哥都参加了红军。德国人命令母子俩搬到一个小房间里去，一个法西斯军官住进了大房间。

这天，尤拉从屋里出来，走到院子里，德国军官正坐在梨树下喝咖啡。他问尤拉：

"小孩，你叫什么名字？"

"尤拉。"

"你是少先队员吗？"

"是的。"

"那么，你的红领巾呢？"

"放在箱子里了。"

"为什么把它放在箱子里呢？"

"因为在法西斯面前不能戴红领巾，应该把它珍藏起来，等我们的人回来……"

那个德国军官气得脸色发白，双手发抖。但他抑制住自己的情绪，装作是一个对政治不感兴趣的普通士兵。

"吃点儿糖果吧！"他说。

"我不能吃你们给的糖……"

"为什么？"

"因为我恨你们这些法西斯分子。"

那个军官睁大眼睛看着尤拉，他把手中的咖啡杯子往桌上一放，站起身来。

"尤拉，要是我把自己的手枪交给你，你会怎么样呢？"

"手枪里有子弹吗？"

"是的，有子弹。"

"那我就会杀了你。"

那个德国军官颤抖着双手从枪套里拔出手枪，对准尤拉的胸腔开了一枪。

这是一个真实的故事。

苏霍姆林斯基几乎每年都要对加入少先队的孩子们讲述少先队员尤拉的英雄故事。

我曾经读过苏霍姆林斯基所著的《祖国在心中》一书，书中刊载了一篇爱国主义童话，是他的一位五年级学生维克多写的，题为《我想成为什么样的人》。文中写道："我想成为一名边防战士，为的是在夜间给我们的祖国站岗放哨，让所有的人能安心地睡觉。在那遥远的地方，妈妈已经入睡。妈妈，安心地睡吧，有我在警惕地守夜，敌人无论如何也进不来。我想让母亲为我而骄傲，让她对人们说：'瞧，我有个多么了不起的儿子啊！'"

《祖国在心中》一书中还载有另一篇童话故事《一把故乡土》，苏霍姆林斯基十分喜爱这一篇故事，也在别的著作中讲述过。

　　一位母亲送儿子去参加苏军。她在路上嘱咐儿子说："儿子啊，去保卫祖国吧，要像爱你亲爱的母亲那样去爱祖国。如果敌人发动战争攻击我们，就要拼命为祖国而战。要记住，这就像护卫故乡土一样。要把故乡土一直带在自己身上。"母亲说完，把一把土装进一个红绸袋里递给了儿子。

　　儿子在边境服役时一直随身携带着小红绸袋。一天夜里，他在祖国边境站岗。突然，有一股敌人朝他袭来并开枪射击，子弹击伤了他的胸膛，鲜血流淌到地上。年轻的战士将胸膛紧紧贴到地上，朝敌人开枪。一整夜，他都没让敌人得到进犯的机会。到了清晨，他感到自己没有力气了。就在那时，他想起了那个小红绸袋——他从口袋里掏出小红绸袋贴在自己心口上，立刻感到自己有了新的力量，身体上的伤口被覆盖住了，年轻的战士又重新朝敌人射击。终于援兵到了，敌人被击退了。对我们来说，最宝贵的东西，就是故乡。

　　一把故乡土的力量是那样的强大！它象征着祖国，象征着家乡的人民，象征着自己的家人，它给予人们力量去面对一切敌人。一个真正的人，必须时刻记着"祖国在心中"。

真正的人，要心中有他人

　　苏霍姆林斯基之所以伟大、卓尔不群，是由于在他的为人处世中、在他的教学中、在他与孩子们的互动中，都体现出一种心中有他人的价值追求。

　　他在《我把心给了孩子们》一书中说过这样一句话："要让孩子们的心中有他人。"他告诫人们：无论在课堂上，还是课余活动中，一位优秀的教师让学生们学习的不能只是书本，也不能一味地灌输知识，而是要去教他们学会做人，心中有他人。

　　苏霍姆林斯基说："从学校教育的第一天起，我就教孩子们把自己的精神力量贯注到他人身上，……要使孩子们相信，采取冷漠的态度对待他人是最大的耻辱……"

　　下面是苏霍姆林斯基的一次亲身经历。

　　我和孩子们正从森林返回学校，看见一位老大爷坐在路旁草地上，像是心情不大好。我对孩子们说："这位老人好像出了什么事，也许是半道上生了病，也许丢了东西。"我们走近老人问道："老大爷，我们能帮您一点什么忙吗？"

　　老人深深地叹了一口气说："谢谢小朋友们，你们就是有这一番心意，也帮不上我这个忙啊。我家里出了大事，老伴在医院里性命垂危。

我要去看看她，正在等公共汽车呢。虽然你们帮不上忙，可我心里好受多了，世上有好人啊！"

苏霍姆林斯基还对孩子们讲过安德烈老爷爷的故事。

"安德烈老爷爷有两个儿子，都在战场上牺牲了，老伴也去世了，他十分孤独啊！

孩子们，咱们以后多去看看老爷爷，每次都让他高兴高兴，好不好啊？"

"好！"孩子们齐声回答。

"我们用什么让老爷爷高兴呢？"每次去看望老爷爷之前，孩子们都在这样想。后来，孩子们送了老爷爷一本画册，里面是每个孩子自己画的画。有的孩子把在河边捡到的各种颜色的石子送给老爷爷；有的孩子用麦秸给老人编了一顶草帽。而老爷爷呢，也常常用木头雕一些小动物，如小兔、小羊，回赠给孩子们。

《怎样培养真正的人》一书中有这样一个故事。

七年级学生保尔的母亲突然生病了。可保尔的同学们正高高兴兴地准备去旅游。

教师召集打算去旅游的同学们说："同学们，难道我们能把一个人丢在生病的母亲床边，自己想着去娱乐的事吗？"

大多数男孩子们和女孩子们都沉默不语了。看得出来，他们是多想去旅游啊，但又不好意思说出口。只有科利亚坚决反对。虽说他比自己的同学们还大上一岁，可他无论对谁也不讲奉献之情，这也表现在他对同学的态度上。

他说："保尔只是一个人，可我们是 30 个人。难道能够为了照顾一个人，而让其余的人不畅快吗？"

教师听到这些话很吃惊。如果不当着同学们的面把这些话的错误之处揭露出来，那就有可能使一个人走上更危险的道德败坏之路。教师说："这就等于把病人、软弱无力的人丢在路上，这就等于在荒漠中不把水分给即将渴死的同伴喝。谁同意这种卑鄙的行为，我请他倒退回去，回到林中去生活。谁不同意使冷漠的行为在心灵中播下背叛的种子，就跟我走。我们到保尔的母亲那里去，这是我们集体为帮助一个人应当去做的。"

我们每个人都是社会、群体中间的一员；当有人遭到不幸时，我们应该给予他人关爱，因为这体现了道德之美、良心之善、行为之高尚。苏霍姆林斯基在书写"怎样培养学生共同参与、共同感受的能力"一节时，把这个故事写进其中，意在使学生们明白：在自己享受快乐之时，切勿忘记他人的痛苦。心中有他人，心灵才是美的。

一个人从童年起，就要心中装有他人、想着他人、关爱他人，为他人之忧而忧，为他人之乐而乐。只有这样，自己才能成为一个真正的人。

真正的人，要懂得人是需要人的

懂得"人是需要人的"这一道理，是一个真正的人必须具备的优秀品质。

苏霍姆林斯基在《怎样培养真正的人》一书中谈及"怎样培养需要人的情感"时指出，"人不可能单独一个人生活。一个人最大的幸福和欢乐之一就在于与他人交往"。

他还谈道："人需要人，如同人需要精神财富那样。这种需要的产生和发展的基础是人们在精神上的共同性，以及对拥有精神财富的共同追求。"

从苏霍姆林斯基闪光的教育思想中，不难体会到他倡导的不是追求物质和金钱，而是爱人，因为"人是最宝贵的""人是一切财富中最巨大的财富"。

人是不能离开人的，人只有在集体之中才能生存，我们无时无刻不生活在人群当中。如果有人认为自己不需要别人，"万事不求人"，离开人照样能生活，那这种妄自尊大的想法不但是无知，而且有悖于"人需要人"这一真谛。

苏霍姆林斯基给学生们讲过这样一个故事。

在海边的一个小镇子里，有个10岁的小女孩，名叫伊拉。她得了重病，在家卧床不起。在患病之前，伊拉读书写字样样行，可现在她被局限在窗子里的世界中，只能隔窗遥望那远山的风光，只能听着大海那没完没了的波涛声。伊拉唯一的亲人就是奶奶，可奶奶一上班，就只能把她留在家里，一连就是好几个小时。伊拉原先很爱画画，可是现在她不仅拿不动画本，也握不住笔了。小姑娘原来很喜欢看有关动物的童话故事，可现在也很少看了，因为她一天只能看上两三页书……

苏霍姆林斯基讲完故事后，拿出一张照片给孩子们看，并指着照片上那个有着一对深邃大眼睛的姑娘告诉他们："这就是伊拉。"

苏霍姆林斯基说："我想让孩子们都感受到，人不论在什么地方生活都会有艰难困苦。要懂得，每一个人都是人类的一分子，我国人民的一员。哪怕有一个人在受苦受难，……也会有人去敲他的家门。"听了伊拉的故事之后，学生们都开始主动关心那些在生活上有艰难困苦的人了。

谈到这里，自然联想到2020年年初，我国武汉遭受突如其来的疫情袭击，引起了民众的恐慌，干扰了社会秩序。然而，党中央坚持把人民生命安全和身体健康放在首位，派出高级医疗团队前去武汉支援，各地也派出由医护人员组成的援鄂医疗队；全国各地都有许多人慷慨解囊，也有许多省市源源不断送去物资支援……。这正说明了一方有难八方支援，让人深切感悟到"人是需要人的"这一真谛。

写到这里，我想到马克思的一句话，他说："需要最大的财富即别人。"我认为马克思的这句话是我们最应铭记的一则至理箴言，话虽短，但寓意深邃，其中的哲理让人终身受益。

这句话源于马克思所著的《马克思1844年经济学哲学手稿》，书中指出："不仅人的富有，而且人的贫困——在社会主义的前提下——同样具有人的因而是社会的意义。贫困是被动的纽带，它使人感到需要最大的财富即别人。"

我在主编、译校《苏霍姆林斯基选集》（五卷本）时，发现书中多次提到马克思的这句箴言。苏霍姆林斯基不仅是位著名的教育家，也是一位酷爱阅读马克思、列宁等无产阶级革命家书籍的马克思主义者，他在许多著作中都引用了马克思、列宁的话来充实自己的教育思想和理论。亲爱的读者们，只要您去读一读苏霍姆林斯基的作品，自然会领悟到"人是需要人的"这一真理。

须知，需要他人是社会和谐发展的重要前提。你心中有他人，他人心中才会有你；你需要他人，他人自然也会需要你。这一点是那些心中只有自己、傲视一切、目空一切、愚昧无知的人所不能理解的。

需要他人吧，它比一切财富都更重要。

每一个人都应该有自己的目标

苏霍姆林斯基认为，每一个人都应该有一个自己的目标。而他的目标就是培养人，培养真正的人。在他的晚年，他不顾严重的心脏病，抛开与工作无关的一切，抛开生活琐事的干扰，一心扑在他一生最重要的一部著作——《怎样培养真正的人》的写作上。医生的劝阻、家人的劝说，都阻挡不了他。庆幸的是，他完成了草稿，但遗憾的是未见此书出版，他便与世长辞了。后来这本书由他的女儿苏霍姆林斯基卡娅整理出版，后被译成多种文字出版。阅读这本书可以使人增进教育智慧，使人具备培养下一代的思想和能力。

各位读者朋友们，我坚信你们也都有自己的目标。

如果您是一位教师，希望您能像乌克兰功勋教师苏霍姆林斯基那样去爱孩子，专注于教育事业，以培养出千千万万个人才为己任、为天职。教师的目标就是培养人，培养真正的人。

如果您是一位作家，您的目标就是写出好的作品。某位名家说过："人生宛如时间长河中的一朵浪花，而作品则是永不消失的丰碑。"字句不一定准确，但内涵确是如此。

如果您是一位医生，您的目标就是救死扶伤。一个人人都能享有健康、人人都能快乐生活的社会，那正是您的付出所体现的美。

　　如果您是一位政治家，看到人民一天天物质丰富起来、精神充裕起来，看到人民都生活在安乐与幸福之中，那您的目标也就实现了。因为"为人民服务"应是政治家最崇高的信念。

　　如果您是一位编辑出版家，那您的目标就是出版精品好书。苏霍姆林斯基说，"我无限相信书籍的教育力量""只有图书才是无价的、永远的财富，其他的一切都是暂时的"。说得何等之妙！历史的记载与传承离不开书籍。出版家们、编辑们，你们应该为你们的人生目标而骄傲。

　　如果您是一位父亲或母亲，您的目标同样是培养人，培养真正的人。不管您从事什么职业，有什么样的身份，您的目标不仅是创造人，更是培养人，培养出真正的人。

人不仅应当尽义务，更应当奉献

人应当奉献。我们生活的全部意义就在于我们应当尽自己的义务，应当奉献，否则就无法生活。

你奉献出来的东西，是属于你的；你隐藏起来的东西，你将永远失去。

没有比尽义务的幸福更幸福的事了。

人应当尽义务、应当奉献的思想是苏霍姆林斯基一直以来大力提倡的，这也是他伟大而不凡的人生中一个突出的闪光点。他在自己的许多著作中都曾提到"义务教育"，为他人"尽义务""奉献"。为他人"奉献"是他教育思想的重要组成部分。

　　"人应当奉献。我们生活的全部意义就在于我们应当尽自己的义务，应当奉献，否则就无法生活。"

　　苏霍姆林斯基的话令人称妙。一个人为尽义务而奉献出来的东西越多，那他人生的意义与价值就越大；如果放弃尽义务，从不为他人奉献自己，那他将会变成精神空虚的奴隶。

　　人所需要的不只是外表美，更是心灵美。人必须要记住，给人心灵增添美的最关键之举，就是尽自己的义务，去奉献自己。奉献得越多，得到幸福也就越多，而作为人的美也就越多。

　　尽自己的义务，去奉献自己，这才是一个人真正的美。

义务教育^①的倡导者

　　众所周知，苏霍姆林斯基十分重视德、智、体、美、劳全面发展的教育。在《帕夫雷什中学》一书中，他对此做了精辟的论述，并始终将品德教育置于首位。他认为，学生的学习必须从培养自己的优秀道德品质出发，先学会做人。他认为，智育是开发学生智力、使学生掌握科学知识的教育；体育旨在提高身体素质，是保证一个人能实现全面、和谐发展的重要因素；美育是提倡人性美、道德美、心灵美的统一的教育；劳动教育的任务是让劳动融入学生的生活，是一个人全面发展的重要基础。

　　苏霍姆林斯基卓尔不群地在 50 多年前就提出培养人的义务感的重要性，并专门写了《义务教育》^②一文。

　　他在《义务教育》一文中阐述了义务教育是人重要的核心。他说："人的内在本质，他那决定一切和一切由之生发的主根，是义务，是每个人在社会主义祖国面前，在人民的意识和道德财富面前，在他人的命运、欢乐、幸福、生活、生死面前觉悟和感受到的自身责任。义务是道德的焦点、精神的核心，决定着我们期待于学生的一切：对共产主义理

<hr />

① 　此处的"义务教育"指培养人的责任感、义务感的教育。
② 　此文发表在《乌克兰共产党人》杂志 1969 年第 9 期。

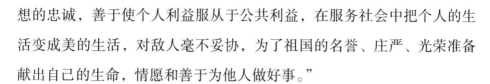

想的忠诚，善于使个人利益服从于公共利益，在服务社会中把个人的生活变成美的生活，对敌人毫不妥协，为了祖国的名誉、庄严、光荣准备献出自己的生命，情愿和善于为他人做好事。"

义务教育是不可缺少的一课。苏霍姆林斯基这段关于义务教育的学说，应是我们现下在教育中培养学生的义务感的重要理论基础。苏霍姆林斯基还说："义务教育——这是共产主义教育的中心。我们的目的，就是培养具有崇高义务的人。""我坚信一点，每个人都应有一个核心，即公民的忘我精神；忠于人民的理想的集中点，就是义务。我作为一名教师，力求去探索这笔精神财富形成的规律。"

苏霍姆林斯基在帕夫雷什中学极力倡导义务教育，激发学生用崇高的责任感去反映自我的志向和愿望，通过履行义务确立自己的品格。他认为，只有这样，才能使学生形成人应有的信念、观点和立场，走进社会后才会展现出崇高的品格。

学会尽义务，别走轻松之路

有一次，我在听一档广播节目时，一位女士向节目主持人倾诉了自己的痛苦。女士说："我和我的丈夫都是知识分子，既聪明又干练，在单位受领导重用，常常受旁人的称赞。谁知我们的儿子，在家不是看电视就是看手机，举止木讷，什么事也不想干，学习成绩日渐下滑……。我们给予他这样优越的家庭条件，可他的表现反倒很糟……。主持人您说，我可怎么办呢？"（内容大意如此）

这个故事使我联想到了苏霍姆林斯基的《劳动与义务》一文。文章开头，一位母亲这样说："我真不好意思去讲自己的不幸。我有一个儿子，是个 16 岁大的小伙子。我非常宠爱他……。可现在，我的儿子阿纳托利该怎么办呢？他不愿学习，也不愿干活儿。不久前，他冲我扔下这样一句话：'如果节日前你不给我买一套新衣服，我就不上学……'"

这位母亲的话令苏霍姆林斯基感到焦虑不安。

这位母亲是个出色的劳动者，荣获过劳动勋章，可她的儿子却是个令人难以置信的懒汉……

这究竟是怎么回事呢？为什么这样一位优秀的母亲却养出那样一个儿子呢？

对此，苏霍姆林斯基说："就在孩子第一次哭泣，向世界宣告自己诞生时起，他的举动就已开始，他的行为就已开始……。注意，一种行为规律是渐渐形成的。如果一个小孩子的行为举止、兴趣只追求个人需要，继续下去，就将使人变为畸形。他对生活的要求越来越多，而对自己几乎没有一点儿约束，那他的发展势必不会正常。"

对于上面两位母亲发出"为什么儿子会这样呢"的疑问，苏霍姆林斯基做了回答：因为缺乏对孩子进行义务感的培养。应该怎么办呢？答案就是让孩子学会尽义务。

请听苏霍姆林斯基下面这句教诲：

我们生活的全部意义就在于我们全都应当尽义务，应当奉献。……如果一个人试图把自己从奉献中解脱出来，那他将会变成放任自流的奴隶。如果一个人所做的事，不是他应当做的、必须做的事，那他就会开始精神空虚、道德败坏和堕落。……如果一个人不严格地控制自己的愿望，不使自己的愿望服从于奉献，那他就会变成一个意志薄弱的人。

亲爱的老师们、家长们，我们是有责任和义务去培养孩子的。不管你的地位有多高，名望有多大，如果你不关心孩子的成长，那你就不是一个优秀的教师、合格的家长。那么，应该怎样做，才能使孩子走上尽义务之路呢？

首先，要教孩子从小热爱自己的祖国，将祖国牢牢记在心中。让孩子从思想上认识到、从生活中感受到祖国的伟大。人人都是祖国的孩子，为了祖国的安全、强大贡献力量，这是每个人应尽的义务。

其次，要教孩子认识到和感受到人生的意义在于为人民服务，因为我们每个人都是生活在群体当中的。"在你的生活里，时时处处都会与他人接触，你的每一次满足、每一份欢乐，都是与他人为你付出精神上和身体上的力量，为你操劳、忧虑、焦急和思念分不开的。"如果他人为你服务是义务，那么你为他人付出也是义务。要看到他人为你奉献的地方要比你为他人奉献的要多得多，要认识到"人不能吝啬自己的奉献"。

让孩子学着去做吧。比如主动在公共交通工具上让座，走在窄路上让别人先过，见到长辈笑脸相迎并问好，见到有困难的老人主动伸出援手，见到有人摔倒了赶快去搀扶。苏霍姆林斯基在《怎样培养真正的人》一书中甚至谈到——遇见折伤了的苹果树枝也不能视而不见、从旁走过，如果这样做就是冷漠的。

苏霍姆林斯基说："人生的意义在于为人民服务。"一个人，如果能为他人奉献爱、关心他人、多做好事、多为社会谋福利，那他的人生就是有价值、有意义的。如果孩子能经常看到身边为他人奉献自己的榜样，自然会受到感染，那种尽义务、奉献的幼芽也会在孩子的心里生长。

苏霍姆林斯基认为，父母的育人之道，首先是发挥自己的榜样力量。一个真正的好父亲，就要善于尽父亲的责任。一个父亲下班回到家里，看到家里的妻子、孩子，他必须口中有爱语，手脚见行动，比如主动扫扫地，擦擦桌子，伸把手做做饭、洗洗碗等。虽然只是简单地分担家务，但这体现了一个男子汉对家庭的珍视、对家人的付出。如果一个父亲常常这样做，就会在孩子的心里留下美好的印象，日积月累，孩子也会学着去做。每当孩子学着尽义务，主动做家务活时，家长要对他给予表扬和嘉奖，孩子就会越来越有责任感和义务感。

《北京晚报》曾发表过两篇有关义务教育的报道，文中说"要把家庭清洁、烹饪纳入学校教学目标"。把孩子在家庭中应该做的事纳入一门独立课程，这的确有益于孩子的成长，又能为孩子增添一道劳动美的荣光。劳动教育能培养人的道德品格和智力能力。人只有通过不断的、有创造性的劳动，才能成为真正的公民，成为工程师、科学家、政治家等有用的人才。

现在回过头来再看那两位母亲的心酸事，孩子什么都不想干，这能怪谁呢？以我之见，首先要怪自己，她们没有在孩子面前做出尽义务之榜样；其次就是父母没有尽好家庭教育之责，而只是一味地宠溺，让孩子衣来伸手、饭来张口。父母为孩子铺设了一条懒惰之路，沿着这条轻松之路走下去，孩子自然是无所作为、浑浑噩噩、自私自利。

亲爱的家长们，让孩子懂得尽义务、学会尽义务任何时候都不晚，就从现在开始吧！

奉献与索取

苏霍姆林斯基曾说："我们面临的一项重大任务就是培养具有这种精神面貌的人：他最大限度地向社会提供他所能提供的东西，他竭力做到绝不从社会那里索取超过自己需要的东西。归根结底，教育的理想应是培养这样的人：在他们的意识中，尽其全力劳动，绝不跟物质报酬挂起钩来。总之，不跟他从社会那里获得的物质和精神福利挂起钩来，这是未来的人意识中的一项十分重要的内容。"

细细品味、深深探究这句箴言，我发现它完美地道出了"一个人应该奉献而不应当索取"的真谛。对这句精妙绝伦的话，我曾有过浅显的感言："每一个人都要在奉献与索取的选择上交上一份答卷：你是否最大限度地向社会奉献出你所能提供的东西，而绝不从社会那里索取超过自己需要的东西？如果你能用苏霍姆林斯基这一教诲指导自己的人生，去奉献，那你一定是幸福的；如果你一味地向社会索取，总想满足自己的私欲，到头来，很可能一无所有。"

写到这里，我不由地想起 2000 多年前一位古人身上发生的故事。

这个故事发生在古代雅典马其顿王亚历山大统治时期。国王手下有一位统帅、政治活动家名叫弗基昂（公元前 397—前 317 年），他很受国王的宠爱，而且他奉公廉洁，令众人仰慕。于是，马其顿王亚历山大做出决定，将100塔兰赐给弗基昂，并命使者送去。

弗基昂得知此重赏，便惊奇地问使者："请问，为什么国王在那么多的雅典人中，偏偏选中我了呢？"

"因为国王下旨，只有您一个人才算是奉公廉洁的人。"使者说道。

弗基昂接着说道："那就让我不仅'算是'而且真正成为一个奉公廉洁的人吧。"他说完，便将赏钱奉还给了使者。

这个久远的故事恰恰阐释了本文的主题。回归我们当今的社会，不知有多少政治家、科学家、各学科领域专家、英雄模范人物，他们爱国、爱党、爱人民，无私地奉献自己，得到了党和国家的尊重，除了精神上赋予他们的种种荣光、勋章与称号，他们在物质上也有所获得。但很多先进人物，如钟南山、张桂梅等人，往往把获得的奖金捐献了出去，或支援灾区、疫情严重地区，或捐给学校、自己的故乡和偏僻的农村，因为他们已经"最大限度地满足了精神的需要"。人的自觉性越高，他与庸俗的物质欲望就越格格不入，精神文明财富，首先是知识财富在他身上就体现得越鲜明。

我们的国家涌现出许多这样的先进人物，他们最大限度地向社会提供他们所能提供的物质与精神财富。

然而，我们也看到社会上有些人不去奉献，一味去索取的案例。普希金的《渔夫和金鱼》就讲述了这样一个故事。

渔夫以打鱼为生。一天，他打上来一条金鱼，渔夫心地善良，将金鱼放回大海。金鱼为了感谢老爷爷，答应满足他的老太婆提出的要求，给了老太婆一个新木盆，可老太婆骂老爷爷更凶了，让他向金鱼索要更多东西。后来，老太婆在金鱼的帮助下当上了贵族夫人、当上了女王，可老太婆还不满足。

老太婆对老头下命令说："快回去，向金鱼行个礼讲，我不愿再做这自在的女王，我想要做海上霸王，这条小金鱼要侍奉我，供我差遣。"老头不敢抗命，于是他又来到大海边。只看见海上刮起黑色的暴风，狂怒的海浪波涛汹涌，又是吼，又是啸，又是翻腾。他开口呼唤那条金鱼，金鱼游过来，问老头说："老大爷，你现在还想要什么？"老头行个礼，回答道："求求你，我那该死的老太婆如今不愿做女王，她想要做海上霸王，生活在海洋上面，要你侍奉她，专门供她差遣。"小金鱼听后什么也没有说，只是用尾巴拍了拍水，一转眼潜入了深深的海底。老头在海边等了半天，没有回音，只好回家去了——他眼前依旧是那间泥棚，门槛上坐着他那老太婆，她面前还是只有那只破旧木盆。

苏霍姆林斯基在《怎样培养真正的人》中引用了高尔基的一段名言："世界上只有两种生活方式：腐败与燃烧。胆怯的人和贪婪的人会选择前者，而英勇的人、慷慨的人会选择后者。"

苏霍姆林斯基所说的"燃烧"就是奉献，所说的"腐败"就是索取，每个人都得在二者中做出选择。一种人受私欲的驱使总摆脱不了贪婪，最后事情败露，身陷囹圄，追悔莫及，已被曝光的腐败者们就是例证；而另一种人，是燃烧自己、敢于奉献之人，他们老老实实做人，慷慨大方为人，即使在平凡的岗位上也能默默地付出，有一分热，发一分光，在燃烧自己的同时展现出自己的高洁品行。只有"燃烧自己"，为他人奉献，才是人间正道。

你奉献出来的东西是属于你的

    我读苏霍姆林斯基的作品时，非常欣赏并铭记着他下面这句箴言："你奉献出来的东西，是属于你的；你隐藏起来的东西，你将永远失去。"在我签名赠书时，我也常常把这句话赠给读者，受到多位读者的赞许。

    上面这句话最初出自12世纪格鲁吉亚诗人卢斯塔维里之口，他在长诗《虎皮武士》一书中这样写道："慷慨大方，是国君的荣誉和英明的根基，君主倡导的慷慨大方，甚至可以征服恶人转意。……你隐藏的东西将会毁掉，你给予的东西将会重新回去。"

    苏霍姆林斯基读《虎皮武士》时发现了这句话，对其做了绝妙的改动，使之充满深邃之哲理，并写进了《怎样培养真正的人》一书。

    "你奉献出来的东西，是属于你的"，这正体现了苏霍姆林斯基所倡导的"奉献"思想。

    他常常对孩子讲一些奉献的故事。比如在汽车上要给老人让座，绝不能自己坐着，让老年人站着；又比如，你的邻居是位独居老人，你要经常去看望他，帮助他解决一些困难，满足他的生活所需，绝不能看到老人的困苦而不闻不问，采取冷漠的态度。要记住，你为祖国、为社会、为他人、为亲人所做的奉献，一定会得到善意的回馈。《诗经》中说："投之以木瓜，报之以琼琚。"有时，虽然我们奉献的东西不多，但往往会收到比"琼琚"更宝贵的东西，这是一种无价的财富，在苏霍姆林斯基眼中，这是比物质更为珍贵的精神财富。得到这种财富能使一个人品行高尚，会被人们赞颂为大公无私的人。

正如苏霍姆林斯基所说："为别人做好事，你就得到了最宝贵的财富。活着为别人谋福利的人，是最富有、最幸福的人。"

这句话寓意深刻。为他人做好事，反倒得到了最宝贵的财富，这财富不是钱财、物质，而是使人思想境界更加美好的东西。朋友，记住这段话吧！一个人只要身体力行为他人着想、为他人奉献，就会成为品德高尚、令人称赞之人。

反之呢，如果一个人只为自己而活着，不关心他人，不帮助他人，那他必然得不到他人的赞美和夸奖，甚至会受到人们的鄙视与厌恶，这样的人，充其量只能称之为"小人"。用苏霍姆林斯基的话来形容：这样的人把该奉献的东西都忘却了，而他想得到的东西，最后也将永远失去。

我把英国诗人拜伦遇到的一件事情分享给读者，请细细品味这个故事的寓意是否与苏霍姆林斯基的思想相吻合。

有一天，英国著名诗人拜伦在泰晤士河畔散步，碰巧遇见一个商人落水。岸边的一位苦工冒着生命危险把商人拖上岸来，使其免于一死，但商人却在"还不谢谢人家"的议论声中拿出了一个小小的硬币作为酬谢。

聚集围观的人们非常气愤，要把这个吝啬鬼扔回河里去。这时拜伦劝阻大家说："算了吧！他很清楚自己的身价。"

而那位苦工立即说："这是我该做的。"说完，便把那小小的硬币扔还给了那个商人。

冒着生命危险去救人的那位苦工虽然贫穷，却显出人格的高贵；而那位商人虽然很富有，却显出人格的卑劣，用拜伦的话说：他的人格不值钱。那位苦工得到的是人们的赞许，而那位商人得到的是人们的鄙夷。

亲手汇编《义务之美》

　　苏霍姆林斯基的伟大之处在于他提倡培养学生的义务感，而越崇尚义务的重要性就应该越早地去培养孩子懂得尽义务的道理，这样孩子也就会尽早成长为品德高尚、精神丰富的人。

　　那么，怎样去培养孩子的义务感呢？

　　苏霍姆林斯基说："我用几十年的时间编了一本文选，题为《义务之美》，里面汇集了一些伟大、高尚的人物为祖国、社会、亲人履行义务的故事。"《勇敢的战士与小鸟》就是其中的一则故事。

　　在伟大卫国战争年代的一次战斗中，我们的战士们誓要把法西斯匪徒从我们的国土上赶出去。敌人在挣扎抵抗，我们的战士要穿过森林去进攻，法西斯的炸弹和地雷在战士们经过的路上爆炸。在一棵树叶繁茂的白桦树上，藏有一位年轻的苏军战士，年龄在 18 岁左右，他来自西伯利亚，名叫尼古拉·波利瓦诺夫。他把手提机枪架在白桦树上，向敌人射击。白桦树上住着一窝小鸟，鸟巢在机枪旁边颤抖，小鸟躲在鸟巢旁边，它的眼珠时而转到战士身上，时而转到从鸟巢里向外张望的雏鸟身上。一颗地雷在近处爆炸了，一个弹片击中了树枝，把树枝击落到那绵软的、长久累积的落叶上。小鸟飞了起来，焦急地叫着，在雏鸟头顶飞来飞去。可那些雏鸟很小，只会张开小嘴，苦苦地叫着。敌人退却了，可战斗仍在附近的小丘那边进行着。尼古拉从树上取下手提机枪，架在白桦树干上。他走到雏鸟跟前，小心翼翼地拿起树枝，从树枝上取下鸟巢，把它固定在白桦树的另一根树枝上。他还从背包里取出一根细绳，捆住鸟巢，为的是使鸟巢不掉下来，他还做了一点儿伪装，让小鸟看不见细绳的存在。当时，尼古拉微笑着说："我知道这是小事……，可如果它发现有人在鸟巢中搞什么名堂的话，它就有可能丢下雏鸟不管。"当这位战士带着机枪到那激烈战斗的地方时，小鸟正飞到鸟巢边，跳到自己的孩子身边。"它没有不管……"尼古拉看到后说。

就在那一天，尼古拉在白刃战中用匕首杀死了一个法西斯军官。而在傍晚，某个时刻到来时，他向战友讲起了西伯利亚家乡的鸟的故事……

孩子们读了《义务之美》中的故事，便能感悟到：人在生活中必须要尽义务。苏霍姆林斯基亲手编汇了许多文选供教师和孩子们阅读，尤其是《伦理学》《义务之美》文选，此举实在是教育史上一大创举。

我相信，我国的教师们也会向苏霍姆林斯基学习，去收集、编写供老师和学生们阅读的故事，比如也编写一本"义务之美"的故事。

劳动不仅使人聪明、快乐，更使人高尚

没有劳动就不可能生活。劳动能带来快乐，能充实精神生活。

要劳动、劳动、再劳动——这样才能发掘你的天赋和才能。伟大的人物——首先是伟大的劳动者，要为自己的理想选择劳动的一生。

劳动能教育人们成为真正有思想的人。……劳动能使人聪明，使人具有创造精神，使人变得高尚。

劳动是人的第一需求。每个人都应当是劳动者。

　　劳动是人之义务。人不仅要为自己，更重要的是要为他人付出，这体现了一种义务之美、奉献之美。

　　劳动不仅要动手，而且要动脑。手越巧，大脑就越聪明；反过来，聪慧的大脑又能指挥双手更加灵巧地去完成各种复杂的工作。手脑并用的劳动能够带来智慧，创造出无尽的财富，同时也能使人高尚。

　　苏霍姆林斯基说："劳动能教育人们成为真正有思想的人，赋予个人和集体丰富的精神生活，给予他们思维的欢乐。不能认为劳动教育同思想和教学无关。劳动能使人聪明，使人具有创造精神，使人变得高尚。"

　　这段关于"劳动"的论述阐明了劳动的巨大作用和重要意义——劳动能教育人，能给人带来智慧，能带来财富和幸福。

　　劳动也是欢乐。劳动的欢乐在于付出智力和体力去克服前进道路上的艰辛与沟坎，如同风雨之后见彩虹，历经险阻登上山顶。

　　请教育孩子们热爱劳动吧！

劳动教育之佼佼者

  之所以称苏霍姆林斯基为"劳动教育之佼佼者",是因为他是较早提出且特别重视劳动教育的功勋教师和杰出的教育家。

  他很早就说过:"劳动教育从学生坐在书桌后面读书时就开始了。"

  苏联时期的教育教学大纲把"学习"列入了"劳动"的概念,认为脑力劳动也是一种劳动。因此,苏霍姆林斯基在进入帕夫雷什中学初期,赋予了"劳动"广泛的含义。那时在校的学生,一边学习,一边在集体农庄、田野、果园和菜园里从事劳动。

  苏霍姆林斯基认为,教育只有在具有劳动含义时,才能被称为真正的教育。如果一个人,在其童年时期缺乏劳动,那么这个人长大成人后,很有可能会成为有缺陷的人。所以,苏霍姆林斯基说:"我们认为学校教育的使命,就在于,使劳动进入个人的精神生活,进入集体的生活,要使热爱劳动早在少年时期和青年早期就成为一个人最重要的品质之一。"

  这里特别需要指出的是,苏霍姆林斯基关于劳动教育的思想和观点之所以引起社会的广泛关注,正如他自己所说,是与克鲁普斯卡娅和马卡连柯关于通过劳动教育年轻一代这一指导思想紧密相连的。苏霍姆林斯基在帕夫雷什中学的教学实践和理论研究中,时刻贯穿着这一指导思想。

苏霍姆林斯基还特别遵照列宁关于道德教育、教学与社会公益劳动和生产劳动相结合的方针。早在1959年，苏霍姆林斯基就写过一本很有价值的书，名为《共产主义劳动态度的培养》。他认为，没有劳动就不可能实现伟大的教育目的——人的全面和谐的发展。这也证明了为什么苏霍姆林斯基在其著作中特别强调共产主义劳动态度的教育作用。

苏霍姆林斯基在帕夫雷什中学任校长时期，在劳动教育方面对学生们有着明确的要求。他说："一切财富和生活的欢乐都是劳动创造的。没有劳动，就没有诚实的生活。人民教导说：不劳动者不得食。要永远记住这条金科玉律，要对游手好闲、懒惰、玩忽职守、夸夸其谈等现象表示愤怒、不能容忍和毫不妥协。懒惰和游手好闲者是社会的敌人，也是你个人思想上的敌人。学习是你首要的劳动，你上学读书就像上班工作一样。热爱劳动是你的光荣和豪迈的职责。你热爱劳动，就会给你的家庭、家族增添荣誉，为你自己获得好名声。真正的人只有通过劳动才能造就出来。"

苏霍姆林斯基特别重视在帕夫雷什中学中开设的劳动教育课、劳动教育经验和成果。他认为，"劳动教育"是促进人的全面和谐发展不可缺少的一部分，他还将此主张写了出来，编入《帕夫雷什中学》一书中。应该说，这是书写劳动教育最为完整、细致的教育学杰作。在该书中，他曾把马克思所说的"劳动点燃生命之灯……"这一箴言收入书中，使人认识到劳动与智力生活的结合对人的全面和谐发展的重要作用。他确信劳动对一个人的全面发展是不可或缺的，无论他谈及德、体、美哪个方面，都无不强调劳动在其中的教育作用。

除了在《帕夫雷什中学》一书中总结出有关劳动教育的专题内容，

苏霍姆林斯基还在许多文章中对劳动教育进行了阐述，比如《劳动是人全面发展的基础》《劳动、志向、幸福》《智慧与双手》《怎么培养学生热爱劳动》等。可以说，他的文章里无处不含有推崇劳动之美的话语，这是他的独特之处，故笔者称他为"劳动教育之佼佼者"。

论说劳动之美

　　苏霍姆林斯基论说劳动之美，可以说在其著作中比比皆是。作为偏僻农村的一名语文教师、中学校长，能总结出如此完整而精采的劳动美之说，实在是难能可贵。如果人人都能参照劳动之美的学说培养自己、锻炼自己，把它作为攀登高峰的阶梯，我相信，将来人人都会被称赞为真正的公民，成为工程师、科学家、作家等有用的人才。

　　劳动，只有劳动，才是一个人全面发展的基础。如果一个人根本体会不到劳动的乐趣，那全面发展就无从谈起。仔细观察生活，观察人，观察我们当代社会中的各种活动过程，我们就会得出这样的结论：人们从本质上需要劳动，不能仅仅理解为对社会尽自己的义务，同时意味着能通过劳动得到一种精神生活的满足感，得到一种在自己所喜爱的事业中做出成绩的快乐感，而人们只有在自己所喜爱的事业中才能达到技能的顶峰。

　　这些话语深深教诲我们，劳动是一种义务，人是需要劳动的，只有通过劳动，人才能为世界创造美，才能体会到自豪感和荣誉感，从而在精神上获得一种最大的满足感。如果一个人不爱劳动，甚至鄙视劳动，体会不到劳动苦中有乐，劳动中有精神价值，就谈不上从劳动中产生自豪和荣誉感。这种人浑浑噩噩，过着非人的生活，到头来，无疑将沦为可耻的寄生虫。

朋友，如果您想做一个全面发展的人，那您就必须去劳动、热爱劳动，只有在自己所喜爱的劳动中不惜流汗、努力奋斗，一步步向技能的高峰攀登，最后才能得到您所期望的结果。

没有劳动就不可能生活

苏霍姆林斯基在《帕夫雷什中学》一书说："没有劳动就不可能生活。劳动能带来快乐，能充实精神生活。"

苏霍姆林斯基的这句箴言有重要的启迪意义。劳动是人生之必需。如果一个人不去劳动，只是无所事事地过日子，那还有什么快乐可言？在劳动中体验人的自豪感和荣誉感就更谈不上了。

也许有的懒人会说："我不劳动，照样穿衣吃饭，照样活着。"是啊，这样是活着，但是，他是像真正的人那样活着的吗？不是，他不过是个可耻的寄生虫。也许这种人真的不懂：如果所有人都这样想，所有人都不劳动，他会有房子住吗？会有饭吃吗？会有衣服穿吗？不会的。

苏霍姆林斯基的这句箴言富有很深的哲理："没有人人都去劳动，人是无法存活下去的。"美丽的劳动者们，努力吧！无论是伟大的人物还是平凡的人物，大家都一样是劳动者，都要在劳动中创造美好生活。只有在劳动中展现出自己的才华，奉献给他人，才配称为真正的人。

劳动不仅使人聪明、快乐，更使人高尚

苏霍姆林斯基在《培养集体的方法》一书中说："劳动能教育人们

成为真正有思想的人，赋予个人和集体丰富的精神生活，给予他们思维的欢乐。不能认为劳动教育同思想和教学无关。劳动能使人聪明，使人具有创造精神，使人变得高尚。"

在《我把心给了孩子们》一书中，苏霍姆林斯基又说："孩子们遇到的人们对待劳动的态度，对孩子的道德面貌形成，有着非常重要的意义。那些为别人创造诸如面包、肉、牛奶、白糖之类，乍看极其平凡、极其普通的物质财富的人，为自己的劳动感到自豪，把自己的劳动看成是为社会服务，这对孩子的心灵有强大的影响。劳动使人高尚，给人带来无限的幸福。这一真理对孩子们来说已不是某种抽象的东西，而是反映生活本质的东西了。"

苏霍姆林斯基这两段关于"劳动使人高尚"的论述相当精辟，它深刻地揭示了劳动的巨大作用和意义，尤其对孩子们形成劳动美的世界观具有非凡的意义。孩子们每天都能见到的那些为社会付出劳动的人，哪怕是普普通通而又极其平凡之人，也应为他们感到骄傲，认为他们是高尚的人。要让孩子们懂得，正是有千千万万个为他人服务、为他人带来幸福的人，我们才有快乐、幸福的生活。要从他们身上看到劳动使人高尚的闪光点。

朋友，热爱劳动吧！劳动不仅能给人带来物质财富，更能给人带来智慧、带来欢乐，使人聪明，使人美，使人高尚。

劳动给人带来欢乐，宛如登上顶峰

苏霍姆林斯基在《培养集体的方法》一书中说："劳动是一种无与伦比的欢乐，不能把劳动带来的欢乐同旅游、运动、游戏、读文艺作品、听音乐等赋予人的欢乐相提并论……。劳动的欢乐首先是在克服困难中所获得的欢乐，是自豪感，是由于付出体力和精力，以胜利者的姿态登上我们向往久已的高峰时的一种感觉。通向劳动欢乐的道路是不平坦的，在这条道路上行进，好比登山运动员攀登高山一样，要付出极大的努力……"

而在《公民的诞生》一书中，苏霍姆林斯基又说："劳动的乐趣不同于一般的乐趣，它可以与人们攀登高山顶峰的感受相比拟。在怪石嶙峋的崎岖山路上每迈出一步都必须付出极大的努力，然而在人们面前有着一个崇高的目标——登上顶峰。当一个人爬上了山顶，他感到自己变得崇高了……"

苏霍姆林斯基的这两段妙语告诉我们，劳动是一种付出，只有付出智慧和汗水，才会得到比物质财富更重要的东西，即精神上的满足。而享受劳动的欢乐是要付出艰辛的。劳动的欢乐是在经历风雨后见到的彩虹，是在攀登上顶峰看到"一览众山小"感到内心的满足与喜悦。

朋友，须知任何劳动都是要付出智慧和心血的，没有付出，就不会获得欢乐。一个有信仰的人，一个有求索欲的人，一个意志坚定的人，只有沿着劳动的崎岖小路，一步一步，坚韧不拔地向上攀登，才能成功登顶，才会体验到劳动的欢乐。

帕夫雷什中学的劳动课

　　苏霍姆林斯基在帕夫雷什中学任教期间尤为重视劳动教育，他对劳动教育的倡导、理论和实践，都在所著的《帕夫雷什中学》一书中，细细读来，其中精彩而又详细的阐述令人钦佩不已。为了阐明和弘扬他在劳动教育思想方面的闪光点，我在这里把该文的重点做简略的概述，供读者品读。

　　苏霍姆林斯基认为，劳动教育对年轻一代参加社会生产的训练是不可或缺的，所以他在帕夫雷什中学建立了一种劳动教育体系，以充分发挥劳动在这一体系中培养人的道德品格和智力品格的作用。他说："我们认为，教育的任务就是让劳动渗入我们所教育的人的精神生活中去，渗入集体生活中去……"

　　那么，帕夫雷什中学在劳动教育方面遵循哪些原则呢？

劳动教育与人的全面发展相结合

　　《帕夫雷什中学》一书中的劳动教育原则，与《全面发展的人的培养问题》一书中的"劳动教育和人的全面发展"一章都阐述了苏霍姆林斯基的"劳动教育与人的全面发展相结合"的教育理论。

1969 年，苏霍姆林斯基为了取得教育科学博士学位，写了一篇博士论文。这篇论文是由他已发表过的一些著作综合而成的，这其中就有《帕夫雷什中学》的部分内容。必须说明，苏霍姆林斯基在援引自己的作品时在文字上做了精简，但基本内容未做改动，可见苏霍姆林斯基的劳动教育学说，基本上还是以《帕夫雷什中学》一书中的劳动教育为主。

苏霍姆林斯基说："一个人的和谐全面发展、富有教养、精神丰富、道德纯洁——所有这一切，只有当他不仅在智育、美育和体育素养上，而且在劳动素养、劳动创造素养上达到较高水平时，才能做到。"

何谓"劳动素养"呢？作者在文中指出："劳动素养，是指人在精神发展上达到这样的阶段，这时人不为公共福利而劳动就觉得无法生活。"

劳动中个人的发挥、显露和发展

苏霍姆林斯基在《帕夫雷什中学》中强调：只有当一个人认识到在劳动中有比获得满足物质需要的资料更重要的东西，即精神创造及自身才能和天资的发挥时，劳动才能成为快乐的源泉。

苏霍姆林斯基在帕夫雷什中学所开展的劳动课，旨在让学生在劳动中体会到精神上的获得比物质需要更重要。劳动不只是干活，劳动还需要去发挥自己的天资，展现自己的才能，在劳动中享受到一种快乐。

苏霍姆林斯基说："劳动教育的理想，就在于使每一个人早在少年时期和青年早期就能领悟到，劳动能使他的自然天赋更全面、更明显地发挥出来，劳动会带给他精神创造的幸福。"

由此可知，在上劳动课之前，教师一定要考虑的是，学生能为社会做些什么，劳动能为学生个人的精神生活带来什么，学生的才华和能力在劳动中能发挥到什么程度。

劳动崇高的道德性

在帕夫雷什中学的劳动课上，教师们力求做到，用那种为社会带来利益的愿望激励孩子们去劳动，比如提高土壤肥力、植树造林、栽培果树等。

苏霍姆林斯基在谈到帕夫雷什中学的劳动课时说："我们不急于过早地让孩子去参与有报酬的劳动，因为这可能养成自私、贪婪的恶习。""我们在一个人的童年、少年和青年早期，就向他揭示生活中最高尚的美，即用自己的劳动为社会服务。"

劳动教育的目的，就是要使孩子们在自己的劳动中体验到、感觉到自己的价值，并能为自己的劳动成果而自豪。

《帕夫雷什中学》一书中还提及了多条"劳动教育原则"，比如"尽早参加生产劳动""劳动的多样化""劳动的经常性""使劳动具有创造性"等，这里不再一一陈述。

不同年级的劳动教育

帕夫雷什中学的教学大纲规定，劳动课是学生的必修课程，课程内容包括对各种材料（纸、硬纸板、蜡泥、织物、塑料）的加工，整理土地，照管植物，制造模型，操纵机器等劳动。

低年级①的劳动教育

低年级学生一开始从事的是最简单的手工材料加工活动，这是帕夫雷什中学劳动教学的第一步。比如学习使用细木工锯或剪刀，这能够为学生之后在虎钳上做工、用锉刀加工金属等做准备。

孩子们在低年级班除了做一些简单的材料加工之外，还要去学习装配和制作、组装和拆卸机械模型（玩具）等。这一时期的劳动中有一定的游戏成分。

低年级学生通过在教学实验园地劳动，就能学习和掌握农业方面的劳动技能和技巧。这样，等他们小学毕业时，每个学生不但能收获培植出的树苗，甚至有的果树已经开花结果了。劳动给幼小的孩子带来的喜悦是一种无与伦比的财富。

中年级的劳动教育

苏霍姆林斯基在《帕夫雷什中学》一书中说："五至八年级学生在车间和教学实验园地劳动的目的，是进一步发展技能和技巧，加强劳动的公益性和生产性……"

到中年级，劳动的教学因素与生产因素结合得更多了。学生不仅要学会劳动方法，而且要做出有益的、有用的东西——这是劳动教育的主要原则之一。

---

① 苏联学制中，普通中学以一至三年级为低年级（相当于小学），四至八年级为中年级（相当于初中），九至十年级为高年级（相当于高中）。

帕夫雷什中学的劳动课对中年级学生的要求更高了一些。他们需要在车间和工作室里制作教学仪器和教具，制作活动模型和工具，制作工艺过程中使用的设备等。教学大纲对学生进行这种劳动有着综合计数的明确方向，这有助于个人的全面发展。

在中年级的劳动课中，还要求每一个学生在学习期间，在教学实验园地里完成下列任务：种植粮食作物和经济作物 3—10 种，将培植的果树品种嫁接到 25 种野生果树上，培植果树苗木、提高土壤肥力等。每一项任务都具有试验性和研究性。

高年级的劳动教育

高年级的劳动教学包括劳动理论课和技能教学课。理论课的课题包括：国家生产部门的介绍，工农业生产部门的特点，发动机和工作机器构造及工作的一般原理，劳动部门中最常见的化学工艺的应用，等等。学生在实践活动中可以学习和掌握各种技能和技巧。

高年级学生的劳动教学建立在广泛的综合技术基础之上，体现了理论密切联系实际的劳动教学原则。

在高年级，学生的劳动与智力兴趣逐渐分化开来。学生们会组成各种学科和兴趣小组，比如物理小组、化学小组、生物小组等，在这一时期，学生的创造性劳动同研究理论更加密切地结合在一起。

苏霍姆林斯基认为："只有当人在少年和青年时期就经过自己的努力用机器和机械替代了手工劳动时，才能培养起他对农业劳动的热爱。这既是一种提高人的尊严的创造性劳动，同时也是一种对劳动生活的心理准备。"

　　学校的劳动课要给从事劳动的学生创造一种幸福感，并帮助学生们在无数条生活道路中，找到一条最能发挥他个人的创造力和才能的道路。

要培养善于思考的劳动者

　　众所周知，身为高级动物的人类与低级动物和植物的不同之处主要在于，人有思想，善于思考。苏霍姆林斯基是一位有头脑、善于思考的教育者，他在教育岗位上一直遵循列宁的教育思想，去教育和培养善于思考的劳动者。

　　也许有人认为，劳动教育不过是让学生从事某些体力劳动，比如干一些农田里的农活、工厂里简单的重复性的劳动，或者种植树木与花草、埋埋土浇浇水，然而在苏霍姆林斯基的思想里，他认为这种看法是不当的，是错误的。

　　他在《怎样培养真正的人》一书中曾这样说过："某些教育家对劳动和劳动教育的粗浅看法令人惊奇。有人似乎觉得，劳动就是手拿铲子或扫帚。这是渗透在实际中的一种对劳动本质不正确的看法，会带来更大的不幸。少年们对铲子或扫帚，对犁和拖拉机的方向盘会产生一种轻视的态度，因为他们（从自己到学校的第一天起）还没有认识到劳动的多面性。劳动不只是铲子和犁，还是一种思维。"

　　苏霍姆林斯基这一席话充分说明了，让学生们亲身去体验、去思考本身就是一种艰巨的劳动。

　　后来，《苏维埃乌克兰报》邀请苏霍姆林斯基写一篇有关小学生的文章，他在写作的过程中想起那段思维课的话题，于是他说："某些教师对劳动和劳动教育的看法是莫名其妙的。他们觉得，人只有拿起铁锹或扫帚才算劳动。这种对劳动实质的错误理解危害极大：一部分青少年对铁锹、扫帚、犁杖、拖拉机驾驶盘等产生不屑一顾的心理，因为他们（从刚入校开始）就不知道劳动是多种多样的。劳动不仅是操作铁锹、扫帚，而且还要进行思考。"

也许有的读者会说，这两段话不是重复的吗？但是，重复阐述思维课的重要性，恰恰说明苏霍姆林斯基对将体力劳动和智力劳动结合起来极为重视。

苏霍姆林斯基早在帕夫雷什中学的劳动课上就强调智力活动与手脑并用的重要性。尤其在高年级，劳动兴趣和智力兴趣的差别日趋显著，每个学生都会更加深入到特定的知识领域中去，所以，使学生将自

只有手脑并用的劳动，才能真正促进孩子的发展

身的兴趣与高度的劳动素养相结合，这一点非常重要。于是，苏霍姆林斯基说："我们认为，体力劳动与智力劳动的结合对才能的发展具有重大意义。一个人，只有当他对所做的一切都经过预先思考时，他才能成为有才能、有才干的车工、机械师、植物栽培家、畜牧学家。"

在帕夫雷什中学，教师们都力求使学生即使在做那些简单的劳动时，都能以研究性、实验性的思维加以思考。比如在肥料厂的劳动，只用铁锹去干也是可以的，但更重要的是要教学生去进行有趣的研究，比如：怎样能使肥料促进粮食生产？教师和学生一起配制含有微量元素

的、具有特定效用的肥料，结果研究配制出来的肥料能使小麦长势喜人，还提前成熟了十几天。只要全身心地投入到劳动的过程中去，学生不仅能获得一种愉悦感，他身上也会渐渐显示出具有高度素养的农事才能来。

当然，智力性劳动是艰难的，而体力性劳动相对较为容易。所以教师们一定要让学生把体力劳动和智力劳动结合起来，只有这样，学生才能在从事的劳动中发挥才能。同时对那些缺乏管教的、懒散的、父母从未让其劳动过的孩子，通过培养他们的劳动品质对其进行教育，也是具有决定意义的一种教育手段。

人的智慧就在手指尖上

　　谈及苏霍姆林斯基的劳动教育理念时，我往往想到出自他的一句箴言：人的智慧就在手指尖上。20多年前，我在核译《苏霍姆林斯基选集》时，多次看到了这句话，我当时便在记事本里写下"孩子的智慧就在手指尖上"，而且在上面标注：这是苏霍姆林斯基的名言。

　　我将苏霍姆林斯基的这句名言铭记在心，所以在编著《走进教育家苏霍姆林斯基》一书时，特别写下了"智慧就在手指尖上"的标题。我在"双手越是在创造着、做着、改造着什么，智慧就应当越丰富，智力兴趣就应当越深刻、越广泛"这句话下面，写了一段我的感言："人不仅应善于用脑，更要不忘动手。动手与用脑同等重要，甚至更为重要。因为手能牵动数以万计的脑神经，动手能使这些脑神经以一定的方式协调运动起来，从而促进智力的发展。手越巧，大脑就越聪明，反过来大脑的智慧又能指挥双手更加灵巧地完成工作。孩子正处在智力发展的重要阶段，让他们的手动起来非常重要。"

　　要知道，苏霍姆林斯基多次述说"智慧就在手指尖上"的话题，这是他在教学实践中不断探讨与研究的结果。

　　1960年，苏霍姆林斯基在《苏联教育》刊物上发表了题为《智慧与双手》的文章。当时他正在深入研究劳动教育体系，他对以往学校所进行的劳动教育之不足发表了自己有批评性的见解。他说："30年代的时候，我们的学校里有一些教学工厂开设劳动课，对当时的劳动教育，很多人都看到了它的一个主要弱点，就是学生们只获得了一些手工性劳动的技能技巧，却未获得有关现代化的知识。对这种劳动教育方法的尖锐批评，导致了校办工厂关闭，劳动课废止。"他又说："现在看来，毫无疑问，当时那种劳动教育致命的缺点，就在于未能把劳动与教育紧密结合起来。"

自从苏霍姆林斯基到帕夫雷什中学任校长之后，他进一步对德、智、体、美、劳全面发展的教育理论进行了深入的探讨与研究，将学校的劳动教育提到一个新的高度，并尤其看重对智慧与双手的研究。他说："我深深感到不论干什么活儿，主要不是靠体力，而是要凭技能，靠巧干。强壮的双手只有加上聪明的头脑才能变得灵巧。真正的智慧给双手添光彩啊！"

在学校进行劳动教育的实践中，他深刻体会到学生其实是喜欢干"智慧就在手指尖上"的体力活儿的。于是他说："几十年的学校工作使我确信，劳动在智力发展中起着特别重要的作用。儿童的智慧就在他的手指尖上……，这条教育信念是由观察得来的。我发现，双手灵巧的学生，热爱劳动的学生能够形成明晰的、好钻研的头脑……。事实越来越使人相信：手与脑有着直接的联系。"

为了弄清手与脑相互依赖关系的科学基础，苏霍姆林斯基不惜花费大量的时间和精力去阅读许多学术著作。功夫不负有心人，他将学术理论研究与多年的教育实践经验相结合，写出了《教儿童用左右手工作》一文。他说："手脑之间有着千丝万缕的联系：手使脑得到发展，使之更明智，脑使手得到发展，使手成为从事创造活动的聪明工具，成为思想的工具和镜子。我多年的经验证实，如果最细致、最灵巧的劳动不仅右手会做，而且左手也会做，那么，这种手脑之间的联系就会增多，表现事物过程和状态的相互作用和相互关系的聪明经验，会由手传达到脑。这一结论是通过经验取得的……"

苏霍姆林斯基关于"人的智慧就在手指尖上"的论述，还体现在《给儿子的信》一书中的一个故事里。

书中谈到一位闻名全国的园艺家、林学家，名叫耶菲姆·菲利波维奇。菲利波维奇是位研究树木的科学家，一生为嫁接树木付出了莫大的艰辛，不仅用手而且用脑去嫁接树木这一点使他成为该领域内的创造者，令苏霍姆林斯基十分敬佩。

有一次，苏霍姆林斯基问他："您是怎样做到这一点的？"

"人的智慧就在人的手指尖上。"菲利波维奇回答道，"我从3岁就开始干活儿了，我建议您也这样教育学生。"

苏霍姆林斯基在故事的结尾这样说，"科学证明，人的手受人的思想支配，可以做出几亿种与创造性劳动相关的'动作姿态'。劳动美、创造美、志向美的秘密何在呢？秘密就在这一双手上。"

由此可见，苏霍姆林斯基在许多文章中强调的动手与动脑相结合之必要性，不仅是他教育学说不可缺少的理论，而且是他在劳动教育理论研究方面一个非常重要的闪光点。

再没有比做父母更高尚、更神圣的事了

再没有比父母的育人之道更为复杂之道了。我一生都在力求得到这一育人之道。

对于创造人而言，再没有比做父亲、做母亲更高尚、更神圣的了。

你能教育出好孩子、好公民、好劳动者、好儿子、好女儿、好父母，你就会在社会上获得肯定。

家是祥和宁静的港湾，人人都渴望拥有一个美满幸福的家庭，就如同人人都渴望有爱：夫妻之爱、敬老之爱以及父母对子女之爱。家庭中的至敬至爱，就是人类之爱的一所学校。尤其是父母对子女的爱，更是人类最为宝贵的一种财富，有了它，才能使人类社会一代一代地传承下去。

　　大多数的父母在培育孩子方面付出了巨大的精力和心血，让自己的孩子在广阔的天地里施展才能，成为造福人类的有用人才。这些父母往往都是以自身为榜样，教孩子学会做人，才培养出许许多多有益于社会的人。父母的育人之道阐释起来有千言万语，但归根到底一句话：父母是孩子的榜样。亲爱的家长们，如果你们在孩子身上的付出能让孩子健康地成长，那你们就是孩子的真正教育者，你们必然会成为伟大的父母。

　　但也有一些不合格的父母，没有把教育孩子当作自己的天职，不懂得怎样去爱孩子，再加上自身修养不足，往往自觉或不自觉地犯了许多错误，甚至酿成家庭悲剧。于是就有许多家长哀叹："怎么办呢？怎样去教育自己的孩子呢？"正如苏霍姆林斯基曾说过的那样："再没有比父母的育人之道更为复杂之道了。"父母的育人之道是苏霍姆林斯基一生都在探索的重要主题。

再没有比父母的育人之道更为复杂之道了

"再没有比父母的育人之道更为复杂之道了。"简短的一句话，却很值得我们去深思。各位读者，你们又是怎样去品味这句话的呢？

可以肯定，有许多教育方面的专家学者、敬业的教师们，在父母的育人之道方面定会有各自的真知灼见，这些都为父母的育人之道这一宝库增添了财富，应当予以珍视。但若问及一些父母，是否知道父母的育人之道是什么，很少有人能说得清楚，他们只会认为，生养孩子是人之本能，何来学问一说。有这种想法很正常，社会、学校从来就没有开设过"父母的育人之道"这门课，也没有请教育专家、学者去讲授过父母如何教育子女的理论。

然而，苏霍姆林斯基一针见血地指出："再没有比父母的育人之道更为复杂之道了，我一生都在力求得到这一育人之道。"他的洞见令我万分敬佩。苏霍姆林斯基在《家长教育学》中有这样一段话。

我们的社会（父母也好，即将组建家庭的青年也好），需要"父母教育学"，需要有一本有关家庭、婚姻道德素养、培育孩子的书。"父母教育学"，应当成为我国每个公民的必备书，应当在专门的家长学校里教授父母教育学，应当把培养人的科学放在首位。

在家庭里，要开展社会教育。家庭里的教育，形象地说，就是打根基，有了根，才能生长出枝叶、花朵和果实。学校的教育之道，就建立在家庭良好的道德氛围之上。

30 多年来，我几乎每天都要去会见一些家长。无论是单独谈话，还是在家长学校的课堂上，父母们提出的最尖锐、最迫切的问题，就是关于"怎样"的问题。怎样去教育呢？怎样才能使父母的疼爱与严格要求和谐一致呢？怎样带给孩子幸福呢？再没有比父母的育人之道更为复杂之道了。我一生都在力求得到这一育人之道。这本关于父母教育学的小书，确是我冥思苦想的结晶。哪怕它能为父母必读的那类父母教育学中增添一页，也是我之所愿。即使它成为父母育人之道宝库中点点滴滴，也是我最大的幸福。

"再没有比父母的育人之道更为复杂之道了。我一生都在力求得到这一育人之道。"连苏霍姆林斯基都如此说，可见把握好父母的育人之道是多么迫切、多么不可或缺的话题。

做好当父母的准备吧

有的年轻人会问："结婚之前，为何要谈什么做父母的准备呢？若没有准备就不能结婚了吗？"

回答当然不能那么绝对，但对于一个品行高尚、具有责任感的青年来说，应当思虑周全，既要看到眼前爱情的美好，又要想到结婚后的种种琐事。如果没有在思想上做好步入婚姻的充分准备，往往会产生各种不良后果。结合社会上许许多多不称职的父母的案例，你就会悟出其中的道理：有许多青年男女匆匆结了婚，当了父母之后，竟不知如何做父母，不能承担起做父母的责任。加上我们的学校、社会没有开设过"父母教育学基础"之类的课程，有的年轻父母遇到养育孩子这种事，变得近似文盲，一无所知，面对孩子仿佛面对一堆难以解答的哲学难题一般束手无策。

苏霍姆林斯基在《怎样培养真正的人》一书中详细论述了青年建立家庭之前的精神准备应当包括些什么。

在建立家庭之前，要检查一下你自己是否对下列问题有所准备：

你是否能成为一个忠诚的人。

你是否懒惰、自私、冷酷无情。

你是否善于控制自己的欲望。

你是否对家庭物质上的需要有所准备，因为你的妻子可能长期不能工作，她要养育你们的孩子。

在结婚前，要征求父母的意见。他们的生活智慧会帮助你正确地迈出生活中这尤为重要的一步。家庭生活的意义和目的，就是教育子女。如果你在结婚前夕不去想未来子女的事，这就好比，你打算终生去远方旅行，却既不清楚自己的能力，也不知你所要走的路。

家庭生活不可能也从不会总是节日，家庭生活中的忧虑、不安、操劳、苦恼往往多于欢乐。……为照亮你领着自己所爱的人走的那条路而耗尽自己，这就是家庭生活幸福的意义。

爱一个人，就要始终去关爱你所爱的人，不三心二意、见异思迁。对男青年来说，伴侣生病了，你要付出时间和精力照顾她；发生矛盾时，你要尊重她的思想、感情，学会让步；她开心时，你要回应她的快乐。因为她是你的妻子、未来孩子的母亲，母亲的伟大是任何伟大都不可比拟的。

年轻的朋友，你吸烟吗？喝酒吗？无所事事、吃喝玩乐吗？如果你即将步入婚姻的殿堂，就把这些行为看作是幸福的可恶之敌吧。之所以要视这些坏毛病、坏习惯为可恶之敌，皆因为它们会对你所爱之人的健康造成影响，给其带来精神上的压力，这些对你未来的孩子是一种不负责任的行为。你喜欢孩子吗？想要成为父母吗？如果答案是肯定的，那就以健康的、精神饱满的自己去做准备吧。

当然，对家庭物质上的需要也要有所准备，因为你们是在建立一个新家。家既是爱与幸福的港湾，又是社会不可或缺的基础，还是一所不可低估的学校。

亲爱的读者，如果您有未来成为父母的打算，请看看以上几条，自己是否在精神上、物质上都做好了充足的准备呢？正如苏霍姆林斯基所说："如果你在结婚前夕不去想未来子女的事，这就好比，你打算终生去远方旅行，却既不清楚自己的力量，也不知你所要走的路。"

每个人在结婚前，要将考虑如何当母亲和父亲一事看作是关乎责任的大事。要知道，自己不仅是为自家传宗接代，更是在为国家培养人才，培养有益于国家和人民的真正的人。

苏霍姆林斯基说："亲爱的父亲们、母亲们，为培育自己的孩子，做好当父亲、母亲的道德准备吧！做好当父亲、母亲的道德准备是什么呢？从人的本质来讲，最为鲜明的一点就是尽责，也就是一个人承载着为他人的责任。"

尽管"父母教育子女之道"这门课现在没有，但我相信将来会有，因为这门课的重要性并不亚于数学、物理、化学。要知道，不是所有的人都能成为数学家或物理学家，但几乎每个人都可能成为丈夫或妻子，成为父亲或母亲。

谨记为人父母的天职和责任

　　苏霍姆林斯基曾在 1968 年 12 月 8 日的《苏维埃乌克兰报》上发表了一篇题为《父母教育学》的文章，文中阐述了身为父母应尽的责任。苏霍姆林斯基在文中说："对于创造人而言，再没有比做父亲、做母亲更高尚、更神圣的了。当你的孩子呱呱落地，开始呼吸，睁开眼睛看世界，从那时起，你就承载着一种巨大的责任。"

　　是啊，世界上有千百种职业和工作，但有一种最为复杂，也最为高尚的工作，那就是创造人。一个家庭中如果有婴儿诞生，一家人都会一起庆祝，就如同节日到来，给全家带来无比的欢乐和幸福。幸福在心、幸福于面，父母们千万不要忘记你们对孩子的未来负有无人可替代的职责。

　　苏霍姆林斯基又说："如果你想身后在人世间留下痕迹，未必都要去当著名作家、科学家、宇宙飞船的制造者，或者去当个化学元素周期表中新元素的发现者。你能教育出好孩子，让他做个好公民、好劳动者、好儿子、好女儿、好父母，你就能在社会上得到肯定。"

　　尊敬的父母们，集中自己的全部精力，在孩子身上体现你们高度的责任感吧。

　　其一，父母的责任，就在于无论处在什么岗位，有什么重要的工作需要去做，都不该忘记还有一项更重要、更复杂、更细致的工作，那就是教育自己的孩子。要认识到这项工作不但是个人最需要、最为迫切的，也是社会对父母的要求。因为人是世界上一切财富中最为宝贵的财富。

其二，身为父母都应当懂得，如果你自身缺乏教养，道德上愚昧无知、不学无术，你不但会给社会带来危害，还会让你自己的子女深受其害。父母是孩子的第一任老师，从孩子睁开眼睛开始，第一眼看到的就是父母，孩子未来的优秀与否与父母有密不可分的关系。如果你没有忘记自己的责任，那就去不断提升自己的修养，丰富自己的知识，做好子女的第一任老师吧。

其三，千万不能忽视对子女的关心和爱护。有的父母身居要职、工作繁忙，很少过问孩子的身心健康和学习情况，一旦孩子行为越轨，就悔之晚矣了。

其四，孩子犯了过错，父母要先从自身找不足。孩子年纪尚小，犯些小错误，做错一些小事都很正常。千万不能不分析原因，不问青红皂白，张口就骂、动手就打，这是无能父母的表现，是下策中的下策。

我们看看苏霍姆林斯基是如何用生动的故事来阐述这一道理的吧。

我回想起一件令人痛心的事。我们区里住着一位心地善良的好人，一位令人敬重的劳动者——联合收割机手，他叫伊万·菲利波维奇。他由于忘我地劳动荣获过勋章，他的照片经常被刊登在报纸上。有一次，甚至路边的宣传板上也刊登了伊万·菲利波维奇的大照片，旁边写着："我们学习的榜样。"伊万·菲利波维奇有个儿子，也叫伊万，他是个独生子，父母对他疼爱有加，但他们的这种爱不够合理：小伊万的一切任性要求，他们都去满足。孩子要什么就给什么（一直到 14 岁，他们还称儿子为"孩子"），小伊万感到他生活在蜜罐里，不必经受任何苦难的磨砺。他沉浸在父亲的荣誉之中，长成了一个游手好闲的人。在他看来，他得到一切都是轻而易举的。然而，对一个人来说，在童年和少年时期得到的欢乐和幸福越容易，到了成年时期得到真正的幸福就越少。亲爱的母亲和父亲，你们可要反复思考这条教育规律啊。教师常去邀请伊万·菲利波维奇来校，但他总是说没空，不是去参加农庄的一些会议，就是到区里介绍经验，或是到邻近的农庄检查社会主义竞赛条约。有一次，小伊万把同班的一个女生打伤了，到了不得不叫来医生的地步，学校派人去找伊万·菲利波维奇，请这位父亲快去学校，说他的儿子出事了。

"出什么事了？"父亲焦急地问道。

有人述说了发生的事，父亲轻松地叹了口气地说："咳！我以为他出了不幸的事了呢。……现在我可没空到学校去。我马上要去参加一个先进工作者会……"

傍晚时分，伊万·菲利波维奇被叫到了学校。他听完老师叙述事件的经过后，一句话没说，回到家里就把儿子狠揍了一顿，边打边愤怒地说："教训你，就是为了不让学校再来找我。"可就在第二天，小伊万就跑到田里抓了两把稀泥，糊在父亲相片的眼睛上。此时，父亲伊万·菲利波维奇才恍然大悟，教育孩子得用理智，得用心做好每一项细致的工作……。他懂了，但也晚了。

亲爱的读者们，让我们深思这个真实的故事吧。为人父母的责任有许多许多，相信你们对此也有宝贵的见解。

尊敬的父母们，请集中你们的全部精力，在孩子身上体现出你们的高度责任感吧。只有展现出高度的责任感，才对得起自己的孩子，对得起自己的国家，也才对得起自己。

父母之间的和谐之爱是教育孩子的重中之重

　　培育孩子，需要父母付出巨大的精神力量，首先要付出的是爱，这种爱不仅指父母对孩子的爱，也指父母之间的爱——用父母之间的和谐之爱，用人格美和人性美去创造人，培育人。

　　从孩子的身上，往往能看出他们的父母是什么样的。优秀的孩子往往都生活在父亲和母亲彼此真诚相爱、其乐融融的家庭里。当您看到一个孩子满脸带笑，身心健康，处处举止优美，言语得体，对老师、同学以及周围的人和蔼可亲、彬彬有礼，你会觉得，这个孩子一定有一对好父母，父母之间十分和谐美满，相敬相爱。如果您看到一个孩子，表情木讷、呆滞，郁郁不乐，少言寡语，不愿与人交往，学习成绩不尽如人意，那极有可能，这个孩子的家庭存在经常吵架骂人或种种不和谐的现象。

　　因此，父母之爱，不只是父母之间的事，它对孩子的心灵影响至深。

　　苏霍姆林斯基说："母亲对父亲和父亲对母亲那种爱情的高尚品格、道德上的美和纯洁，他们之间的相互尊重、信任、坦诚相见、志趣相投、共同分忧、彼此忠诚、有福同享、有难同当，这一切都是少年心灵上敏感的核心部分所形成的不可缺少的道德基础。'爱，是一种责任。'我们极力使那些怀着惊讶和喜悦的心情初次敞开男人和女人的情感的人，以及那些正在以自己的言行和经历教育子女的人，在他们的思想意识中能树立这种信念——不负责任的态度，到头来定会得到报应。"

下面是苏霍姆林斯基叙述的关于他的学生尼古拉·普罗霍连科的一段沉痛的往事。

他饱含着痛苦和乞求的目光走到已抛弃家庭的父亲跟前，问道："爸爸，你什么时候回到我身边？我多盼望你能回来……"9岁之前，尼古拉看到父亲和母亲的关系还比较和睦，父亲常常帮助母亲料理家务，傍晚时分也能和自己坐到桌旁，画鸟、野兽和一些奇异的东西……。父亲是个司机，每当夏天，他总带上尼古拉到近处去旅行，曾给尼古拉带去多少欢乐啊！

然而，突然间一切都变了。母亲和父亲成了陌生人似的，即使在桌旁吃饭时，彼此都低着头，谁也不看谁一眼。后来，更可怕的事情发生了，父亲再也不回家了。母亲对尼古拉说："现在你爸爸不回家了，只有我们俩过喽。"母亲的这句话对尼古拉来说宛如晴天霹雳。

尼古拉·普罗霍连科家庭里所发生的事绝非个例。那些不能或不善于去攀登人格美的高峰的父母们，播下的只能是不幸的种子，收获的必然是恶果。

谈及夫妻之间的爱，尤其需要阐述丈夫对妻子的爱，这是夫妻之间爱的主导。做父亲的尤其要谨记：你们若真心爱自己的孩子，就要真心地去爱你们的妻子。爱自己的妻子就意味着要尊重、呵护、认可、欣赏她。你必须以一个好丈夫的身份在家庭中用爱创造出幸福的氛围。

一个好丈夫一定是爱自己妻子的，他对妻子的爱也会影响自己的孩子对爱的认识，才能在培养孩子、教育孩子的路上一往无前。别忘了，身为父母首先要树立爱的榜样，这是非常重要的。

家庭的和谐氛围与严格要求

每个人都希望自己的家庭氛围是和和美美的，尽量避免家庭中的"沟沟坎坎"。聪明的父母们总是会去创造家庭生活中无比巨大的财富——和谐与互敬互爱的家庭氛围。这种和谐与互敬互爱，既体现在夫妻之间，也体现在长辈与晚辈之间，家庭中的每个人都有责任去创造、培育这一和谐的氛围。

当然，创造和谐美好的家庭氛围，不等于父母对子女没有要求、约束和管教。对子女提出一些严格的要求也是一种爱。

比如，爷爷奶奶、外公外婆是一个家庭中至尊的长者。聪明的父母应身体力行让爷爷奶奶、外公外婆在家里有令人尊敬的地位，在自己的子女面前更要表现出这一点。父母要教孩子经常向爷爷奶奶、外公外婆送去祝福，问候他们的健康。如果有一些难以解决的问题，首先要请爷爷奶奶、外公外婆发表见解，他们会用自己丰富的阅历、多年积累的经验，为孩子们排忧解难。培养孩子对长辈的敬重，不管付出多少心血、努力都是值得的。

对于如何创造和谐美好的家庭氛围，苏霍姆林斯基在《怎样培养真正的人》一书中提出了 10 个"不准"。

①在大家劳动时，不准袖手旁观。在你清楚知道长辈正在干活而不允许你休息的时候，游手好闲、沉湎于种种娱乐，都是可耻的。

②不准嘲笑老年人，这是对人最大的不尊敬。对老年人只应说尊敬的话。世界上有三种东西，即爱国主义、对妇女的真诚之爱和对老年人的尊敬，无论在何种情形下都不应该嘲笑老年人。

③不准同尊敬的人、成年人，尤其不准同老人争吵。对于长辈们的建议，匆忙表示怀疑其真实性，这种人不配称有理智或通情达理。如果你有什么疑问，想说的话到嘴边最好先停一下，考虑考虑，做出判断后再去请教长者，以免惹长者们生气。

④不准因为自己没有某种东西而表示出不满。尽管可能你的同龄人有这种东西，而你的父母又没有关注到这一点，即使这样你也没有权利向自己的父母要求什么。

⑤不准逼迫父母给你连他本人都不肯给自己的那种东西。如餐桌上最上等的食品、高级糖果、高级衣服等。要学会谢绝礼物，如果你知道在别人送的礼物之中也有送你的礼物，你父母谢绝了，你也要谢绝。你想要特权的思想是危险的，这是毒害你心灵的毒药，对这种毒药表现出不能容忍的态度，则是你最大的幸福。

⑥不准去做长辈们所谴责的事，不论是当着他们的面也好，还是背着他们也好，都不准去做。要用长辈们的观点（他们是怎么考虑的）来审视自己的行为。任意纠缠、无端企望长辈们注意自己，提出种种显示自己的要求，对这一点是特别不能容忍的。母亲和父亲是从来不会忘记你的，你不在他们面前要比你在他们身边想你要多得多。你要记住，母亲和父亲有自己的精神世界，他们有时也想有独立的空间和时间。

⑦不准将年长的亲人，特别是你的母亲丢下不管，如果在她身边除了你，没有别人的话。在欢乐的节日里，任何时刻都不能让她一个人独处；而你本身，包括你的语言、你的微笑、你的交往，有时就是她生活的唯一欢乐。人越是接近晚年，体验到自己孤独的痛苦就越尖锐。

⑧不准不经长辈们（特别是爷爷）的允许和劝告就启程赶路；不要在他们向你发出一路平安的祝愿之前，不留下祝福的话就不辞而别。

⑨不准不先请长辈们坐下，自己就先坐下吃饭。……人吃饭，不只是为了解饿，不只是新陈代谢生理活动的需要，人们坐在一起共同进餐，桌上可以进行有趣的精神交流。如果你善于劝说老年人同你共享一份食物，你就给他带来了更大的欢乐。

⑩在成年人、上了年纪的人，尤其是妇女站着的时候，不准你坐下。同长辈相遇时，你应当首先问候他，不能等长辈先跟你打招呼；告别时，要祝他身体健康。在这些礼貌的规矩里，含有深刻的、内在的本质，即对别人的尊重。不善于尊重他人，你就如同一个对着大海那美丽的波浪吐着唾沫的浪子。大海还是那般雄伟且美妙，你的唾沫丝毫玷污不了它，只会玷污你自己。

落实这十条"不准"要求我们更多地关注整个教育过程的和谐。凡是那些应当受到尊敬的人才能受到尊敬。只有那些去照亮道路的人，才有可能成为指路灯。

"十不准"的重要意义就在于营造长辈与晚辈之间互相关爱的氛围，对年轻人的严格要求也是为了使他们严格要求自己，能成为真正的人。亲爱的读者们，请用心去体会这"十不准"中的奥秘吧。

要把自己的孩子看作是平等的、鲜活的人

童年，是人生的一个重要阶段，是最纯洁无瑕、天真可爱的阶段。你看啊，那一个个可爱的小脸蛋儿，如小苹果一般，甜甜的、稚嫩而柔和，活像一朵花，又像一幅画，撷取了父亲和母亲形象的优点，"多像妈妈呀""多像爸爸呀"！用多少美丽的词句也表达不尽父母心中的喜悦。苏霍姆林斯基曾经讲述过这样一段感人的故事。

有一对年轻的夫妻，结婚十年都没有孩子，一直苦苦等待着为人父母的幸福时刻的到来。突然有一天，这位妻子怀孕了，后来生下了一个儿子。丈夫幸福满面、心花怒放，他激动地说："从我听到他的第一声啼哭开始，我就觉得自己判若两人了。这个小生命，就是我骨肉的一部分，我有一种感觉，他就是我的第二颗心、第二个我。"

让我们思索一下这些发自肺腑的心声吧，儿女就是父母生命的延续，作为父母的神圣使命就是为社会创造真正的人。

要知道，孩子给父母带来的欢乐和幸福，远比父母给孩子带来的欢乐和幸福要多得多。

尊敬的父母们，你们一定要懂得，父母与子女的关系应当是亲密的、平等的、互敬互爱的关系；决不应该是上级与下级的关系，也不应

该仅仅是管教与被管教的关系。父母决不能任意打骂孩子、羞辱孩子，这不是真正的育儿之道，而是一种极端扭曲、令人厌恶的丑陋行为。

须知，你们的孩子，也许将来会成为伟大的科学家、作家、政治家、教授、医生……，也许有许多孩子会比父母更有作为，有更远大的理想和抱负。所以，尊敬的父母们，切记不能看低自己的"宝贵财富"，如果由于你的愚昧无知做出一些蠢事来，因此葬送了一个未来的天才，那你就是一个罪人。而且，你现在怎样对待孩子，将来孩子就会怎样对待你。

睿智的父母们，要把自己的孩子首先看作是与自己平等的、鲜活的人，看作是自己人生中不可或缺的亲密朋友。学会爱孩子，这是为人父母者首先要学会的育人之道。

父母要了解自己的孩子

许多人认为父母是最了解自己孩子的人，但事实并非如此。有些孩子在成长过程中的言谈举止往往出乎父母的意料，有时甚至会做出令人匪夷所思的事来，究其原因，父母难脱其责。

要成为合格的父母，帮助子女健康成长、全面发展，那就必须把育人当作一门学问来探讨。教育孩子之前，必须先去了解自己的孩子，研究自己的孩子。那么，父母应该如何去了解和研究自己的孩子呢？这一问题常常让许多父母感到困惑。

有的家长也许会说："我们是孩子的父母，再没有人比我们更了解自己的孩子了。"

不错，孩子从生下来那天起，就生活在父母的看护之下，吃奶、饮水、睡觉、穿衣、洗澡、走路、说话，大多有父母陪在身旁。孩子哭了，是父母去哄他；孩子病了，是父母带他去医院；想听故事、童话时，是父母亲自讲给他听；……这许许多多与孩子之间的往事都会留在记忆里。亲人之爱的痕迹，即使随着时间的逝去也不会消失。

但也必须承认，现实中确实存在有的父母不负责任的问题。在有的家庭里，父母压根不管孩子，或者很少去管；有的父母即便去管，也是采用一种粗暴的态度，非打即骂；还有的父母因工作繁忙而无暇顾及孩子。孩子一天天地成长，他们在社会中会接触各种事物、各种现象，如果缺乏家长的正确引导，就可能会犯下种种错误。须知，孩子是从一张纯洁的白纸开始书写人生的，他们缺少知识、阅历，即使做出一些匪夷所思的事来，也不足为怪。因此，孩子的父亲和母亲要及时去了解和研究自己的孩子，及早去指导自己的孩子，这样才能使他们不犯或少犯错误。

应该说，了解和研究自己的孩子并不容易，因为要做到这一点，需要父母具备较渊博的知识、较高的素养，还需要有较强的责任心、耐心去研究孩子。所以说，不是人人都能轻而易举地成为称职的好妈妈、好爸爸。

那么作为父母，应当怎样去了解、去研究自己的孩子呢？

1. 父母要花时间、精力去了解、研究孩子

身为父母，无论有多忙，每天都要抽出时间去观察自己的孩子，与孩子交流。在孩子还小的时候，父母要去观察、了解孩子的身体状况，比如他们的胃口好不好、视力如何、智力发育情况如何；到入学的年纪时，就要观察他们喜欢什么，不喜欢什么，与他人交往是否胆小怕事，是否有礼貌，入学后学习进步的程度，与老师和同学的关系情况，在家里是否尊敬长辈，是否能做些简单的家务活等。总之，只有真正花费时间、精力去陪伴孩子，才能更好地了解孩子。比如，父母下班回到家后，可以先抱一抱孩子，偶尔准备点小礼物送给他，相互分享一天里有趣的事或与他一起讲故事、唱歌谣、朗读唐诗宋词等。亲爱的父母们，你们只要足够爱孩子，孩子也会足够爱你。

2. 父母要重视孩子的身体健康状况

所有的父母都希望自己的孩子身体健康。作为父母，要经常关注、观察他们的身高、体重，有没有营养不良或超重的迹象；由于孩子经常

埋头读书、看手机、看电视，眼睛是否有近视倾向；注意看孩子是否有患各种疾病的先兆，一旦出现应及时去医院检查治疗，避免因父母的疏忽而给孩子带来不良后果。一个真正合格的父母首先要关注孩子的身体，因为身体是第一位的。

3. 父母要善于关注孩子的注意力

有的孩子在学习或做功课时，总是坐不下来，注意力不集中：一会儿去摆弄一下文具，一会儿去玩玩手机，一会儿给同学打电话聊个没完。这时父母看到了，应该怎么办呢？首先不要以粗暴的语言去批评，而要善意地用身边的事例告诉孩子，学习、做功课注意力集中，效率不但高而且有成效。同时，也可以用表扬的方式说："你那次功课做得又快又好。集中注意力做完了，就有时间去玩或者看有趣的书了，还可以找小朋友做游戏……"

4. 父母要清楚孩子的兴趣所在

父母应该关注孩子的兴趣所在。孩子的兴趣取决于孩子的个性、环境的影响以及未来的发展。

如果孩子喜欢唱歌、听音乐，那父母就应该经常为他提供接触音乐的机会，在家中营造爱音乐的氛围。如果孩子喜欢看书，那父母就应该选些好书，和孩子一起去读。父母必须多读书，以身作则带动孩子阅读的兴趣。一个没有阅读氛围的家庭，很难让孩子养成爱阅读的好习惯。如果孩子喜欢体育锻炼，那父母就应该经常领着孩子去跑步、打羽毛球、打乒乓球、踢足球等，找到孩子自己最喜欢的一项运动。此外，父母带着孩子一起观看各种体育比赛，也可以丰富业余生活，养成运动习惯。

尊敬的父母们，除了上文所提到的，孩子其他的方方面面，诸如孩子的想象力、思维能力、个性、情感、与老师和同学们的关系、对事物的看法等，同样需要你们付出精力和时间去了解和研究，需要你们切实履行父母的责任，并甘之如饴。

要培养自己的子女，父母必须先学会做人

　　父母要教育孩子如何做人，首先自己必须先学会做人。如果父母品德高尚、博学多识、待人接物彬彬有礼，他的子女自然不会差，再经过精心培养，子女成为有用之才自然不在话下；如果父母游手好闲、不学无术、脱离不了低级趣味，又不对孩子严格要求，想让他品行出众、学业出类拔萃，必然难上加难。苏霍姆林斯基曾说："人的道德品行如何，取决于他在父母身上所看到生活的最大意义到什么程度。"

　　从这段话里，聪明的父母自然会悟出一个道理：孩子的品德、孩子的未来，都与父母的一言一行有着密切的联系。做人要内外一致，不仅要在外人面前堂堂正正、至亲至善、举止高雅、行为端庄，在家也同样要有这样的表现。苏霍姆林斯基曾说："人不可能单独一个人生活。一个人最大的幸福和欢乐，就在于与他人交往，你的每一步、每一句话，你的每个眼神，甚至你目光一闪或者一抬手，这一切都会在别人的心目中留下反响。"

　　身为父母，更要严格要求自己，为孩子树立做人的榜样，孩子不仅看在眼里，而且会终生铭记。

　　《卡尔·威特教育全书》一书生动地描绘了父亲卡尔·威特是怎样培养出出类拔萃的儿子小卡尔·威特的，小卡尔·威特在14岁就获得

了哲学博士学位。

小卡尔·威特出生时，用他自己的话说，是"先天不足的痴呆婴儿"。这样的孩子后来为什么能成为"神童"，被誉为"著名天才"呢？小卡尔·威特在后记中这样感谢父亲："我充满情趣而又深蕴哲理的成长过程，正是对父亲老卡尔·威特超前而非凡的教育理论和实践的最生动的印证，也是献给父亲的最好、最真实的勋章。"

父亲的榜样作用对小卡尔·威特影响至深，他将父亲关于儿童早期教育的开拓与探索、父亲教育儿子的心血与智慧，应用在他的儿子身上。他说："感谢亲爱的父亲，他以一颗独特而博大的爱心和极具先锋性的教育方法培养了我，而我又是沿袭着他的思想与理论成功地培养了我的儿子威廉。"

是啊，父母教育优秀子女的事例有很多，在报刊上的报道也屡见不鲜，无须我在这里赘言。

而在现实生活中也不乏一些负面案例。

有一位父亲，痴迷赌博、不务正业。一日父亲去赌钱时发现儿子也跟来了。父亲问道："你来干什么？"儿子回答说："我也学学玩牌呀，玩好了，可以赢钱呀！"

有一位爱喝酒的父亲，即使大雪天也要去酒馆喝酒。父亲前面刚走，儿子随后也跟着过去。父亲问他："你来干什么？"儿子回答："我追随着你的脚印来的，我也去喝酒呀！"

有位高官声名赫赫，却贪污成性，贪污受贿的钱财、金银首饰、文物字画装满一屋子。高官的罪行被揭发后进了监狱，接着不久，他的儿子也被关进了监狱。在儿子入狱前，父子见了一面。高官问："你怎么也进来了？"儿子回答："这都是跟着你走的结果呀！"

　　不同的家庭情况各不相同，但无论财富多寡、职位高低，父母真正能为孩子带来正向影响的是其清正的为人、高尚的品格、良好的习惯和处世的智慧。

父母的榜样胜于说教

榜样的力量是无穷的，而父母的榜样作用将伴随孩子的一生。

法国作家卢梭曾经说过："榜样，榜样，没有榜样，你永远不能成功地教给儿童任何东西。"说得何等之妙啊！亲爱的父母们，若想给自己的孩子留下一份宝贵的财富，那就在孩子面前树立榜样吧，孩子自然会在你们的带领下成长。切记，你们的学识、品德、一言一行，都会在孩子心中留下深远的回响。

苏霍姆林斯基讲过这样一个故事，充分说明了父亲的榜样作用。

村里有一位好医生，名叫尼古拉·菲利波维奇，他有一位贤妻叫玛丽娅，两人养育了六个孩子。每天当尼古拉做完手术回家，略显疲倦时，妻子玛丽娅便说："亲爱的，休息一会儿吧，在葡萄凉亭下躺一会儿吧，再没有比你的工作更劳累的了……"尼古拉笑着回答说："不，世界上最繁重的工作就是母亲的工作，繁重、劳累而又光荣。我只不过在帮助处于病痛中的人，而你是在给人类创造幸福，在创造人。"

尼古拉对妻子的爱从不停留在口头上，而总是见诸行动。每每他看到妻子玛丽娅天天都在为这个家、为子女们操劳时，便想着用鲜

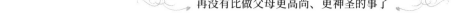

花表示自己对妻子的挚爱。

他每天都会走进自己的小花房，剪下一枝玫瑰花带回卧室，把花插进妻子床头桌上的木制小花瓶里。

岁月飞逝，十多年来，天天早上都是如此。无论是阴雨连绵的秋季，还是凉风阵阵的早春，他每天都会去自己的小花房里采一朵娇嫩的小花送给妻子。孩子们一个个相继长大了，他们也开始学着父亲早早起床，于是花瓶里的花越来越多了，先是两枝，然后是三枝，后来是四枝、五枝、六枝、七枝……

多年后，尼古拉去世了。子女们相继去往祖国各地工作，而玛丽娅仍生活在第聂伯河沿岸的那个村子里。子女们不管住得有多远，每年在母亲生日那天，他们总要回到她的身边。木制的花瓶里又插上了七枝耀眼的玫瑰花，其中六枝是孩子送的，而那第七枝则象征着父亲送的。

榜样的力量具有巨大的教育作用，这就是苏霍姆林斯基每当谈起怎样教育孩子的时候，总想到这个故事的原因所在。

父母树立榜样，是父母对子女之爱的重要体现。如果有父母不思进取，沉迷于玩乐，甚至沾染了不良习气，那孩子在一天天的潜移默化中也会跟着学坏；反之，如果父母对待工作兢兢业业，时常从事有益于社会的活动，那么孩子也会效仿父母，学着成为像父母那样的人。

如果一个人想在自己身后留下些可供他人缅怀的东西，那他最该做的就是为自己的子女以身作则。做出行动的榜样，子女会以你为荣，并且学习、效仿，成长为真正的、大写的人。

为孩子讲故事是不可或缺的一课

苏霍姆林斯基十分重视童话故事对孩子成长的非凡作用。他曾说："童话故事犹如一把刀具，它能塑造出每个儿童个人思维的各种最细微的特征，同时又能拨开儿童的心扉。"孩子们都爱听故事、童话和歌谣，这是儿童的天性。每个成年人应该都在童年时期亲身经历过、体会过童话、故事、顺口溜、歌谣的魅力，它们给每一个孩子都留下过许许多多难忘的回忆。其中的许多故事是父母讲述的，尽管有的父母讲的故事不那么完美，不那么精准，甚至有时是编造出来的，但它们在孩子的心里种下了小小的种子。看呐，他们在听时目不转睛，聚精会神，稚嫩的小脸上往往流露出甜甜的笑容。孩子在听故事的时候，时而还会说上一两句父母意想不到的话，这真是父母陪伴孩子生活中的一种美。

父母身为孩子的第一任老师，要陪伴孩子，为孩子讲故事，尤其是在学前阶段，为孩子讲故事可以说是父母的必修课。

亲爱的父母们，你们一定要深知，如果孩子在 6 岁前，没有被父母或者其他亲人给予过真爱，没有被认真地陪伴过，没有听过故事、童话，没有被告知故事中那些做人的道理和规矩，不知道什么是善良、什么是邪恶，等孩子长大了，就可能会表露出一些不良行为，甚至会做出种种蠢事来。有些罪犯在悔恨之时也常常道出幼年缺乏父母的陪伴和教育。所以说，一个人的未来如何，往往取决于早年，尤其是上学前的 6 年。

童年时期是培养一个人性格的关键时期。童年时期的孩子所需要的关怀和陪伴，不能仅局限于衣食住行，父母绝不该只去讲一些大道理，更重要的是用一些美好的、有趣的童话故事，去启迪孩子的心灵。

童话故事永远是文化宝库中闪烁着迷人色彩的瑰宝，它们常常用生动而有趣的语言，讲出寓意无穷、哲理至深的道理来。孩子既能从中享受到无限的欢乐和幸福，又能进入一个个充满遐想的奇妙世界。

优秀的母亲、父亲，在自己的子女面前，不但要是位爱书人、爱讲故事者，同时也要善于编创一些故事，满足孩子天马行空的想象力。只有这样，孩子才会生活在无比欢乐、无比幸福的氛围之中。

父母之错爱

　　毫无疑问，父母之爱，是人类最美好、最纯洁、最高尚、最伟大之爱，是全身心投入的爱、无私奉献的爱。

　　然而，必须承认，一些父母在教育子女方面或多或少犯过一些错误，只不过有的人过于傲慢，自以为一贯正确，即使知道自己做过一些错事，也不愿意承认罢了。

　　那么，父母在孩子身上会犯哪些错误呢？

溺　爱

　　父母对子女的爱，是人类的一种最宝贵的财富，它能照亮孩子的成长之路，是培养孩子成为真正的人的基石。但这种爱如果过头了，成了溺爱，变成了一种畸形之爱，反而会成为孩子成长路上的绊脚石。

　　所谓溺爱，就是父母，可能还有家里的其他长辈，过分宠爱、娇惯孩子，一味地满足他们的需要，却不提出合理的要求。长此以往，孩子就会骄纵任性、好吃懒做、以自我为中心；长大后，也不会主动承担任何家庭责任，更不用说服务他人、服务社会了。

　　苏霍姆林斯基说，溺爱是父母对子女的一种畸形之爱。他是这样阐述溺爱的：

溺爱，是父母与子女关系中最为悲惨、难以想象的一种爱，是一种没有理智的，有时甚至可以说是——母鸡式的爱。母亲和父亲对孩子迈出的每一步都一味宠爱有加，不去思考这一步会导致孩子什么样的后果；有些父母对待孩子采取那种轻率的态度，狂热崇拜，像对待上帝那样，这类例子屡见不鲜。

我亲眼看见这样一种情景。有一位女邻居来找5岁的谢迈沙的母亲。两位母亲站在院子当中谈话，那个小男孩在她们旁边玩耍。正在这时，两位母亲看到小男孩在小便，小男孩的母亲却喃喃地说："你看我那宝贝儿子，不怕人。"不明智的溺爱，往往导致悲剧性的后果，那就是子女骑在父母的脖子上，变成小霸王。

溺爱，会使孩子心灵扭曲，不知克制自己的欲望。"我想干什么就干什么，谁也管不着"，这种粗野的话语，会变成他们的生活准则。在溺爱中培育出来的孩子，不知在人的社会中有"可以""不行""应该"的概念区分，自以为他所做的一切都是可以的。他会成为一个任性的人，渐渐现出病态的人。生活对他而言，哪怕有一点点要求，也会让他觉得无法承受。溺爱中培育出来的孩子，正如常言所说，自私透顶了。他不知自己在父母面前还有责任，他眼中看不到人，也不用心去感受他周围的人，首当其冲的是他的母亲、父亲、爷爷、奶奶那些人。须知，这些人也有自己的愿望、自己的需求、自己的精神世界啊！

溺爱孩子的事例在我们周围也是屡见不鲜、比比皆是。某次外出时，我曾目睹这样一件事：一位母亲正在与邻居谈着要事，她的儿子跑过来对母亲说："我现在想要一件东西，你马上给我买去。"

"我正跟阿姨说事，等会儿。"母亲说。

"不行，你得马上去！"儿子着急地说。

母亲接着说："就等一会儿，行吗？"

"不行！不行！"儿子坐到地上一边哭一边打滚。

母亲无奈只能答应，临走时，邻居对孩子的母亲说："你太溺爱孩子了。"

母亲却说："这都是打小他奶奶惯的。"

"难道你就没有责任了？"邻居问道。那位母亲听到这句话，低头走了。

溺爱是一种不理智的、直接摧残和扭曲儿童心灵的爱，任其发展下去，后果不堪设想。父母们要千万避免溺爱的教育方式，别等到大祸临头方知悔悟，那就为晚已晚了。

偏　袒

父母爱自己的子女，视子女若珍宝，将一切美好的事物都给予自己的孩子，这无可厚非。孩子是属于未来的，是不可替代的无价财富。然而，如果父母只把自己的孩子视作珍宝，任何情况下都不愿让他受委屈，这就会造成父母无知的偏爱，遇事偏袒的行为也就随之产生。

偏袒是爱吗？说得实在一点，其中有爱，但不是健全的爱。以自己的孩子为中心，而不顾及他人，这既有悖公平，也是缺乏严于律己、遇事先从自身寻找原因和不足的美德的表现。

举例来说，两个孩子打架了，父母闻讯赶到，问清打架缘由之后，

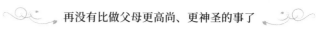

如果双方父母都能平心静气、和颜悦色地沟通，先从自家孩子身上找问题，就能够让两个孩子认识到自己的错误，从而重归于好。但遗憾的是，这种情况下事情常常会有相反的走向。有位母亲看见自己的孩子跟别的孩子打架，不分青红皂白，张口就骂："你个浑蛋，敢打我的孩子，咱们没完！"另一个孩子的母亲也跑过来，没好气地说："你是非不分，还骂人，想打架呀，来吧！"两位母亲真的打起来了，两家也因此结了仇。这就是偏袒的后果。

父母之爱要与对子女的严格要求相结合，做得好的地方要赞扬，不足之处也要直言批评。

亲爱的父母们，如果你们真爱自己的孩子，就应该遇事先律己，只有这样，才不会使你和你的孩子走到邪路上去。偏袒的爱，不是爱，而是害。

体 罚

孩子是与成年人一样平等的人，父母没有权力凌驾于孩子之上，任意地打骂。任意打骂孩子的行为，不仅是一种愚昧无知，更是违背家庭道德甚至违法的行为。

孩子的成长需要时间。孩子在人生的最初阶段刚刚接触世界，所知甚少，各方面能力欠缺，这是完全正常的。面对孩子的不知、不足，不能将这看作是孩子的错误，更不能说他"无知"。对孩子表现出来的"错误"和"缺点"，如果父母只会责骂、训斥，甚至拳打脚踢，这只能显示出父母的愚昧无知。即使孩子有错，高明的父母也应该首先去承担责任。

苏霍姆林斯基对父母以体罚的方式教育孩子抱有极大的警惕。他说："我特别关心的是，务必使儿童的心灵不致由于使用体罚的'教育'方法——用皮带抽、打后脑勺、拳打脚踢——而变得迟钝、凶狠，变得冷若冰霜和残酷无情。我总是要使家长们相信，体罚不仅标志着家长的软弱无能和惊慌失措，也标志着他们的教育方法极不文明。皮带和拳头会在儿童心灵中扼杀细腻敏锐的感情，培植愚昧的本能，起着腐蚀人的作用，最后就是用撒谎和奉承这种毒药来麻醉人。用皮带培养出来的儿童会变成麻木不仁、没有心肝的人……。少年的犯罪行为和违法行为，在很大程度上，也是'拳头教育'的结果。"

在弘扬和谐社会的当下，仍然有一些人，甚至自诩为有知识的人，认为孩子有错不打不足以显示其威严。殊不知，任意打骂孩子不仅有损孩子的自尊心，而且会摧残他们的心灵，使他们滋生最卑劣的想法，甚至报复。苏霍姆林斯基用一个真实的例子说明了这一点：一个父亲因孩子犯错被叫到学校，父亲回家便狠狠地揍了儿子一顿，他的儿子后来抓了两把稀泥涂在光荣榜上父亲的头像上。这个教训值得所有的父母沉思。

越　权

越权是指父母逾越自己的尽责范围去管教自己的孩子，这是许多父母常犯的一种错误。

有人说，父母爱孩子、管孩子、教育孩子是天经地义的，父母理应有这些权力。不错，父母应有一定的权力，但也要明白自己的责任和义务，父母不只是在为自己培养下一代，也是在为国家培养下一代。如果父母超出了对自己子女管教的尽责范围，那就是越权了。

父母的越权主要表现为否认孩子是一个独立的、有想法的个体。比如，孩子做完功课想去玩，父母常说"不行"；孩子在看一本书，父母却吩咐他干一些家务；孩子正跟朋友玩得开心时，父母过来说"别玩了"；孩子的言行举止不合父母之意，父母就劈头盖脸地训斥一顿。天长日久，父母逐渐变得独断专行。不该说的，父母也去说；不该管的，父母也去管；不该做的，父母也去做了。总之，孩子的一切都在父母的管束之下，没有一点自由。

父母的这种行为，如同一个套在孩子头上的枷锁，这令苏霍姆林斯基十分愤慨，他认为这是一种不理智的变态之爱。他说："在一些家庭里，父母的独断就是一种浓重的愚昧无知和利己主义的混合体。他们对待自己的孩子就像对待一件东西那样：我的桌子，我想摆在哪儿就摆在哪儿；我的女儿，我想要她怎样就怎样。"

苏霍姆林斯基接着又说："很难想象，还有什么比人控制人的专横态度更令人厌恶的？……愚昧无知的父母们的那种可憎的专横霸道，就是孩子们自幼曲解人之初性本善的原因之一。孩子不再相信人和人性。在专横霸道的环境下，孩子因一些不足挂齿的小事，经常备受责难。依我之见，这是最可怕的，会导致孩子心灵上的冷酷无情。专横霸道禁锢着人们最主要的精神活动，这种精神活动，在正常的家庭里正是孩子们善良、稳重、谦让的源泉，即怜爱。一个在童年时期不知怜爱的人，到了青少年时期就会变得粗鲁和铁石心肠。……

我常常听到父母们那些若有所思的话：'儿子小时候挺善良，乐于沟通，听话，长大了却变得粗鲁，性情乖僻。为什么会发生这样的事呢？'我十分相信，这种现象是因为父母们不善于运用父母的权威，也在于孩子意识到、感受到有一种暴力迫使他的意志受到压抑。"

亲爱的父母们，用心去读苏霍姆林斯基的教诲吧。父母在对孩子使用自身那极其微妙的权威时，应持极为谨慎的态度，这样才不至于损害孩子的心灵。要时刻记住这一点，您的儿子，您的女儿，和您一样是平等的、独立的人，他们也有尊严，理应受到尊重。一旦父母把孩子当成可以随意摆布的玩物，那孩子自然会起来反抗，到那时才认识到自己的错误，为时晚矣！

重　压

重压是指人的身心背负着沉重的压力。毋庸说是孩子，就是成年人，遇上如泰山压顶般的大事，也是难以承受的。孩子正值生理上急剧发育的时期，身心等各方面都尚未完善，这时让他们去承受学习上的巨大压力，比如，除了要完成在校功课，还要做课外多科作业，此外还要按照家长的安排去上各类补习班，这些压力剥夺了孩子休息和玩耍的时间，会使得孩子喘不过气。此举说得好听一点是父母望子成龙望女成凤心切；说难听一点，就是父母在摧残自己的孩子。

苏霍姆林斯基说："我们不允许让12—15岁的少年每天（除在学校上五六小时课以外）花四五个小时去做家庭作业，这会摧残少年，使他的健康终身遭受不良影响……"

父母们一定要认识到，学习也是一种劳动。学生需要有自由活动时间，就像保持健康需要洁净的空气一样。保留休息和自由活动时间是学生智力生活丰富的基本条件。如果一味要求孩子学习，而不让他休息，孩子注定是学不好的。

孩子因为家庭作业过多而发出呼喊："妈妈，作业太多了，我明天做吧。"妈妈斩钉截铁地说："不行！自己的作业必须按时完成，做不完，不能休息，不能去玩……""妈妈，我太累了，我睡一会儿吧。"孩子恳求母亲，可是妈妈却说："不行！坚持就是胜利，再坚持一下就做完了……"

好不容易到了周末，父母又领着孩子去上各种补习班，英语班、美术班……。今天的学生的学习压力，是任何时代都无法比拟的。有的父母却说："苦点儿没什么，不吃苦就会落在别人的后面，先苦后甜。"想一想真觉得可怕，这不就如同一块巨石压在孩子的头上吗？有一篇童话故事叫《都不愿被压在石头下》，故事是这样的：

一个阳光明媚的早晨，小女孩来到绿草地上玩耍。突然，她听到一阵哭声。女孩仔细听后才发现，哭声是从草地边上的一块石头底下传出来的。她走到石头跟前问道："谁在石头底下哭呀？"

"是我，野菊花。"石头底下发出低沉而微弱的声音，"救救我，小姑娘，石头把我压住了……"

女孩搬开了石头，看见野菊花娇嫩、淡白的茎。

野菊花舒展了一下双肩，深深地喘了一口气说："是你把我从石头的压迫下解救出来了，谢谢你，小姑娘！"

女孩后来常来看野菊花，并和它一起晒太阳。

"归属于你多好啊，小姑娘！"野菊花常常这样说。

"假如你生长在森林里，或者在路边怎么办呢？假如你不归属于任何人，你又怎么办呢？"女孩问道。

"我就会悲伤地死去。"野菊花低声说。

渴望太阳、渴望自由的野菊花，在小姑娘的帮助下，获得了自由，见到了太阳，挺直了腰板，随风翩翩起舞。然后它美滋滋地对小姑娘说："谢谢！"

人也一样，是不愿被压在"石头"下的。那些上学的孩子们，几乎都有被肩上的"石头"压得喘不上来气的时候：整天忙着上课，课后不停地写作业，眼睛近视了，体质变差了；课外还要上各类五花八门的补习班。孩子们发出呼救声："救救我吧！别再把我压在'石头'下了。"可他们的声音被忽视了，没有人采取行动去帮助他们。有些家长，只看重孩子的学业、才艺，而忽视了他们的身体和心灵产生的损伤；有些家长，打着"让孩子有更好的未来"之名，牺牲了孩子在这个年纪应该享受的快乐。这是一种悲剧，该是认识到这是悲剧的时候了。

家长们，静下心来，读读这篇童话吧。

孩子就如同童话里的那朵野菊花，而你们就是童话里的那个女孩。去救救自己的孩子吧，别让孩子再被压在那些"石头"底下了。

冷　漠

父母对子女的爱，无疑是伟大的、无私的，父母视子女比世间的一切都更可贵。苏霍姆林斯基说："我生活中什么是最重要的呢？我可以不假思索地回答说：'爱孩子'。"他爱孩子，并不是停留在口头上，而是用行动对孩子表达爱心。他不仅与孩子们同欢乐、共忧愁，而且把孩子真真切切地看作是祖国的未来，看作是高于一切的财富，并以亲近孩子为快乐。

一位教师都能把爱孩子看作是自己生活中的重中之重，那么作为孩子的父母和母亲呢？父母是孩子的第一任教育者，担负着培养孩子长大成人的重任。关心、关爱、培养、教育孩子关乎家庭的未来、祖国的未来，是父母的天职。因此，为人父母者切记不要犯下对孩子冷漠的错误。

父母对孩子冷漠大致表现为几个方面。

其一，对孩子不闻不问。有的父母为了事业、争名逐利，很少顾家，更谈不上去关爱孩子，此现象绝不少见。曾经有一位上了光荣榜的劳动模范，在社会上备受人们尊敬和爱戴，但他一心扑在工作上，很少顾家，更不去过问儿子。有一天，他被叫到公安局，得知儿子犯了罪，他痛心疾首，如梦初醒，悔恨不已，他一边流泪一边说："是我的错，都怪我对儿子不闻不问。儿子没教管好，我要那些荣誉有什么用呢？"父母的冷漠在孩子心中埋下的痛苦是永远抹不掉的。

其二，极少与孩子交流。一提到孩子，有的父母总是说："他们什么都不缺，该给的都给了……"但若是提到多和孩子一起交流，比如聊聊天、讲点故事、说说新鲜事，一些父母就开始失去耐心了。当孩子走到父母面前问问题时，拒绝声接二连三地响起："我忙着呢！""别打搅，我打工作电话呢！""没看见，我看报呢！""这场球赛好看着呢，有事找你妈去！"……父母们往往没有意识到，就是这几句脱口而出的随意之言，制造了与孩子渐渐疏远的隔膜，在孩子的心灵上打上了一层冷漠的烙印。孩子长大后，不但自己身受其害，还可能用冷漠的态度伤及他人，包括自己的父母。

其三，不愿与孩子一起做游戏。游戏在儿童生活中有着重要的意义。苏联教育家马卡连柯说："游戏在儿童生活中具有重要意义。游戏对儿童的意义犹如事业、工作、公务对成年人具有的意义一样。儿童在游戏中的表现是怎样的，长大以后，在工作中也大体上会是怎样的。因此，培养孩子，首先应该在游戏中进行……"游戏既能给孩子带来快乐，也能培育儿童的创造才能。没有游戏，儿童就难以完成智力的发展。孩子们在游戏中迈上了认识阶梯的第一阶，他们的智力生活，也受到音乐、故事、游戏的持续鼓舞。凡是能激发孩子情感的游戏、活动，都会深深地刻在孩子的心中。

可是有的父母，只把游戏当作娱乐，当作玩耍，认为孩子从中得不到什么教益，只求孩子不哭不闹、听从训导，却极少和孩子一起体验游戏的快乐。

苏霍姆林斯基对冷漠的父母提出了严厉的批评，他说："有少数父亲（的确有这样的父亲）患了难以医治的病症——精神情感冷漠症。实际上，他们不懂得什么是父母之爱。……患有精神情感冷漠症的人，会对自己的孩子冷酷无情。

在这样的家庭里，如果母亲再不成为孩子精神生活的中心，不给予他们足够的关爱，那么，一种精神空虚与贫乏的氛围就会笼罩着孩子。……在这样的家庭里，最危险的一点，还在于孩子们打心眼儿里就对人那种细腻的情感，如怜爱、关心、怜悯、关心完完全全陌生、不理解。到头来，他们只能成为情感上愚昧无知的人。"

其他表现

1. 争吵不休。如果家庭长期不和睦，因为一些鸡毛蒜皮的小事争吵不休、打骂不断，这样的家庭即使不破裂，不和的阴影也将一直存在，最大的受害者还是孩子。父母必须认识到生活中难免有烦恼和不幸，无论如何也不能因为自己的不痛快，给家人带来痛苦，让自己的孩子失去父母之爱。

2.言行不文明。家是和谐幸福的港湾，家人彼此之间亲切相待至关重要，尤其如果家里有长辈，敬爱长辈要放在首位。家中不允许有不礼貌的言行，比如说话粗鲁、大声喊叫等。父母要深知这样一个道理：孩子长大后说话不文明、粗鲁、不堪入耳，都是小时候耳濡目染造成的。因此，父母尤其要注意自己在孩子面前的言行。

3.不读书、不看报。一个家庭里如果没有可供阅读的书籍，没有爱书的氛围，没有从书中汲取知识的渴望，这个家庭就是一个无知的家庭，也决不会让孩子养成爱读书的习惯，孩子将来愚昧无知、沉溺享乐，其根源就在于此。

童话给孩子的世界赋予了生命

　　童话故事犹如一把刀具，它能塑造出每个儿童个人思维的各种最细微的特征，同时又能拨开儿童的心扉。

　　童话是爱国主义教育的丰富而不可替代的源泉。

　　没有比枯燥的教学更可怕的了。

苏霍姆林斯基用一生的心血和汗水写出了数十部卓越的著作、数百篇论文和千余篇童话与故事，凝结成了闻名世界的教育遗产，形成了苏霍姆林斯基的教育理论。这其中，一大批生动有趣、发人深思的童话和故事是苏霍姆林斯基教育思想宝库的重要组成部分。苏霍姆林斯基说："童话故事犹如一把刀具，它能塑造出每个儿童个人思维的各种最细微的特征，同时又能拨开儿童的心扉。"

　　是啊，童话故事永远是文化宝库中闪烁着迷人色彩的瑰宝，它常常用生动而有趣的语言，讲出意味隽永、寓意哲理至深的道理来。孩子既能从中享受到无穷尽的欢乐和幸福，又能为自己的思维发展和梦想插上腾飞的翅膀。

　　一名优秀的教师不但要自己爱童话故事，善于编写童话故事，也要用心去引导孩子们爱上童话故事，学会编写童话故事，只有这样，才能唤醒孩子们的想象力。请谨记苏霍姆林斯基的这句话吧："没有比枯燥的教学更可怕的了。"

从小爱童话源于家庭的熏陶

　　苏霍姆林斯基出生于一个普通的农民家庭，他的父亲是一名手巧能干的木匠。第一次世界大战结束后，父亲为了捍卫苏维埃政权，拿起武器上了战场，并成为一名共产党员，还被村里选为先进人物。

　　苏霍姆林斯基的母亲是一位家庭主妇。她生育了4个孩子，担负着关心和教育孩子们的责任。她爱唱歌，也爱教孩子们唱歌，她爱童话故事，经常讲给孩子们听。孩子中最爱听歌、爱听童话故事的就是苏霍姆林斯基，虽然他当时很小，但已经能开始学着自己编故事了。

　　苏霍姆林斯基的祖父在他心目中总是那样和蔼可亲，记忆中，祖父总说："瓦西里①，现在我来给你看一样有意思的东西。"说完，祖父就捧起一本灰皮或蓝皮的书，戴上那副圆镜片、铁制镜框的眼镜，清清嗓子，开始朗声读起来。在苏霍姆林斯基的记忆里，聆听祖父绘声绘色地讲故事的时光，是那样温馨，令他终生难忘。

　　苏霍姆林斯基的外祖母虽然年事已高，却时时不忘教自己的外孙、外孙女做人的道理，她经常用讲童话故事的方式给他们带来欢乐。

　　她常常让瓦西里坐在她脚边的小板凳上。

---

① 幼年的苏霍姆林斯基，余同。

"坐下，好孩子，你总爱听我讲故事，现在听着。"外祖母讲道，"有一个行路人走在干旱无水的荒原上。行路人走了很久很久，疲惫不堪，可是荒原还是没有尽头。太阳火辣辣地晒着，行路人渴得难受，只能用舌头舔舔干裂的嘴唇。"

"辽阔的天空中出现了一只鹰"，外祖母用眼睛注视着瓦西里，微微拖长声调，又接着讲。

"鹰看见行路人背上背着一只水壶。鹰用灵敏的听觉，听到水壶里还有一点水。

'你这个人，为什么不喝点水解解渴呀？'鹰奇怪地问，'你已经疲惫不堪了，再这样下去你会渴死的！'

'是的，鹰，你说得对，我已经快没有力气了。但是我要是喝尽了水壶里的水，那我就连一丝希望都没有了。'那人回答道。"

苏霍姆林斯基听完外祖母的故事，陷入了深深的思考，他一句话也没说，站起来，用滚烫的脸贴在外祖母那干瘦的脸颊上，向她道了晚安。

多年后，苏霍姆林斯基大学毕业成为一名语文教师，那时他说："每当人们问起我是怎样和孩子一起编童话、集体创作时，我就不由得回想起我的外祖母。"那时他的外祖母已一百岁有余了，感到自己将要走到生命的尽头，外祖母便派人叫苏霍姆林斯基尽快回去。见面时，外祖母坐在花园里一棵桑树下的一把很旧的安乐椅上。

"我们要永别啦……"她低声说。

外祖母拉住苏霍姆林斯基的手，温情地抚摸着他的肩膀，要他坐下。苏霍姆林斯基像孩子那样在她面前的草地上坐下。外祖母用微弱的声音说："这是我要给你讲的最后一个童话。这个童话叫作《勤劳人与懒惰人》。"

"从前有一对孪生兄弟，一个勤劳，一个懒惰。勤劳人起早摸黑地干活，而懒惰人天天一觉睡到天明——太阳升起时，他翻一个身，直到中午才睡醒。……兄弟俩就这样过了一生。他们都老了，死亡的时刻来临了。上帝把他们叫到跟前，问道：'你们在世上活了多少岁？''90岁。'兄弟俩回答说。'好吧，也该到我这里来了。'上帝说，'请把你们度过的岁月指给我看看吧。'勤劳人指着一片茂密的森林说：'这就是我度过的岁月。'勤劳人每天栽一棵树，天长日久，树林长成了森林。上帝在森林中走了一天，森林越来越密，走了一星期，走了一年，森林还是一望无际。上帝走累了，坐在地上。勤劳人问道：'我们还往前走吗？'上帝摆摆手，对懒惰人说：'把你度过的岁月指给我看看吧。'懒惰人没什么可指的。他站着，耷拉着脑袋。上帝勉强站了起来，说道：'现在，他，勤劳人将是上帝。他创造了世界上难得的美景。而你这个懒汉，再活上99岁。然后，到上帝，也就是到你的兄弟勤劳人那儿去，把自己度过的岁月指给他看。'每个人的生命都有终结，只要他是一个真正的人，他那美好的劳动岁月总是永存的。"

外祖母是在平静的语调中讲完她最后一个童话的，然后她就去世了。外祖母虽然走了，但她的音容笑貌犹在，她讲的这些童话故事也永远留在了苏霍姆林斯基的心中。一个人应该像勤劳人那样，把自己的时间、才华无私地奉献给人间，只有这样，他死后才会永远活在人们心中。如果像懒惰人那样碌碌无为地度过自己的一生，当他死后，最终定会像无人问津的尘埃那样，被人永远遗忘。

一位百岁老人，在即将离世之时，还能讲出这样寓意深邃、充满哲理的童话，实在难能可贵。她的伟大，就在于用童话告诫自己的子孙，告诫人们应该怎样活着。

为孩子亲手汇编童话故事

　　苏霍姆林斯基说："我常写东西，但不是为了发表，而是为了自己，为了教会自己的学生抱着爱惜的态度使用语言。"

　　他不仅亲笔撰写童话故事、从报刊上收集童话故事，他也在平日的教学中激发孩子们的灵感，鼓励孩子们进行创作。这些童话故事经过他的亲自拣选，反复修改，汇编成册，目的在于供教师和学生们阅读，是教育史上一大创举。

　　首先推荐的当属他编写的《伦理学文选》，它的全名为《供帕夫雷什中学学生阅读用的伦理学文选》，现在仍保存在帕夫雷什中学的苏霍姆林斯基纪念馆里。这套文选共有五卷，按学前儿童、一至二年级、三至四年级、五至七年级、八至十年级不同学段分卷装订成册。这套文选中的作品还曾在《学前教育》《少年列宁主义者》等报刊上刊载过。苏霍姆林斯基晚年所撰写《怎样培养真正的人》一书，其中援引的童话故事大都是从《伦理学文选》中选取的。这套文选收集有上千篇富有教育意义的童话故事，是不可多得的育人教材。

　　此外，苏霍姆林斯基还汇编过一本教育文选，名为《人类道德财富文选》，囊括了数十篇从古至今人类所创造的道德财富的文章，这本文选也和《伦理学文选》一样，是供教师和学生们阅读的一个汇编本。

苏霍姆林斯基还汇编了《母性之美》文选，其中列入了多篇展现母亲的伟大、高尚和美好的故事，包括描写列宁、尼古拉·奥斯特洛夫斯基、果戈里、卓娅等人物的母亲的不朽功绩的故事。

在这本《母性之美》中，还有很多歌颂女性美的故事，比如《七个女儿》。

从前有位母亲，她生了七个女儿。有一次母亲出门到住在远方的亲戚那里去，只过了一个星期，她就回家了。当母亲一走进自己的屋子，女儿们就一个接一个地诉说，她们是如何思念母亲的。

"我思念您，就像一颗种子盼望阳光一样。"大女儿说道。

"我等您，就像干旱的土地盼望甘霖一般。"二女儿说道。

"我想您想得哭了，就像幼小的雏鸟想念老鸟一样。"三女儿说道。

"没有您我感到非常痛苦，就像蜜蜂没有花儿一样。"四女儿叽叽喳喳地说道。

"我梦见了您，就像玫瑰花梦见露珠一样。"五女儿低声说道。

"我望眼欲穿地张望您，就像樱桃园张望夜莺一般。"六女儿说道。

而小女儿什么也没有说。她替母亲脱下靴子并为她端来了一盆洗脚水。

这篇童话最先发表在《公民的诞生》一书中，后来苏霍姆林斯基在撰写《怎样培养真正的人》时，又将《七个女儿》的故事讲了出来。

他说："在我的童话故事读本中，有一篇讲了七个女儿的故事。在讲这个故事的同时，我努力想要在子女们的意识中唤起这样的思考：为什么我需要母亲？为什么我要珍惜她？"

在苏霍姆林斯基眼中，母亲是世界上最亲爱的人。对母亲，用"至亲至爱"来形容是再恰当不过的了。世界上的一切爱，没有可与母爱相比拟的。有多少人在功成名就的时候，提起对自己影响最深远的人是母亲；有多少人，不管他的年龄多大，在母亲面前仍是个孩子。爱母亲，不能仅在口头上，而要落实在自己的行动中，要像童话故事中第七个女儿那样，默默地用行动表达对母亲的爱。

大自然里的一堂课—— 童话课

苏霍姆林斯基从师范学校毕业后，怀着美好的心愿走进帕夫雷什中学的校门，当上了少先队辅导员，并担任语文教师。他在《帕夫雷什中学》一书中说："我是语文教师，组织课外小组的任务交给了我。"他十分敬业，全身心地投入到

大自然是教师和学生创编童话的灵感源泉

课外小组活动中去，经常领着学生们到田间、树林里，找一片草地，围坐在一起，让学生们尽情地享受大自然之美。

有一次，苏霍姆林斯基对学生们说："孩子们，大家注意了，今天我们不在教室里上课，要到果园里去。"

孩子们听到老师的话，高兴得手舞足蹈，一个个都跟着老师来到了果园。这个果园曾是一位校长、教师同他们的学生共同开辟的，值得注意的是，果园里有一棵树是苏霍姆林斯基以自己外祖母的名义亲手栽种的。这棵树生长在围墙旁边，树虽不高，但枝叶茂密。苏霍姆林斯基领着学生们来到树前，对他们说："同学们，你们看，多么奇怪的树

芽呀！"他用手小心翼翼地碰了碰树芽。接着说："不久，树芽就要鼓起来了，在这个树芽里躺着一片小树叶——树的婴儿，苹果树把它裹在褴褛里，让它暖暖和和地过冬，现在春天快到了，树液开始流动得更快了，小树叶再也不想躺下去了，它要到外面来晒晒太阳。"

"它怎么才能爬出来呀？"一个学生问道。

"过不了几天，外面的褴褛就会裂开，绿油油的小叶就会从里面出来了。"苏霍姆林斯基回答说。

孩子们都把老师所讲的话当作童话故事来听，愉悦在脸上，高兴在心里。

有一次，苏霍姆林斯基带领学生们到树林里去。孩子们坐在林中的草地上，微风吹来，树叶沙沙作响，小鸟在枝头叽叽喳喳地叫着，从不远处又传来小溪潺潺的流水声。

苏霍姆林斯基打开书本，开始给孩子们朗读童话："在一个很远很远的地方，有一座高高的山峰，山上的一块浅蓝色的石头底下，出现了一朵白云，活像一只长着一对娇嫩翅膀的、温柔的雏鸽。早晨，一阵微风吹动了白云的小翅膀，于是白云就飞上天去了……"

孩子们坐着，一动也不动，聚精会神地听着，他们的眼里燃起了想象的火花。读完后，苏霍姆林斯基问："这个童话美不美啊？"

"美！"孩子们异口同声地回答。

为什么孩子们那么喜欢听童话呢？为什么当孩子们依偎着坐在一起听童话时，童话就越发有趣、越发动人呢？那是因为孩子们总是怀着惊讶、好奇的心情去认识未知世界的。

苏霍姆林斯基说："我要和孩子们一起编一些富有人生哲理的幽默小故事和童话故事。生活中随时随地都有可以用来编写这类故事的现象和事件。"

苏霍姆林斯基经常带领学生到森林里、田野边、果园里、池塘边去，一边讲所见所闻，一边启发学生们带着好奇的眼睛去观察周围世界。

下面就是苏霍姆林斯基用美妙的语言讲给学生们听的几则童话故事。

勇敢的蜗牛

孩子们，瞧这只麻雀！它飞来想尝尝甜葡萄的味道。它停在葡萄叶子上，刚抬起头要去啄食，忽然，……啊呀！这是什么？一只怪物伸出触角，正在向这只可怜的麻雀爬去。瞧，它马上就要刺死麻雀了。这究竟是只什么东西？原来是只蜗牛！瞧，这只蜗牛多么勇敢，它伸出触角向前冲，什么都不怕……

翘尾巴的大公鸡

瞧，孩子们，一只大公鸡正在院子里踱来踱去，它看见了天空中的彩虹。瞧这只公鸡翘起尾巴，喔喔喔叫得多么神气！它这是在嘲笑彩虹："我的尾巴也是五彩缤纷的，比彩虹更漂亮！"马上就要下雨了，让我们躲到树下去听听这只大公鸡等一会儿淋雨时唱什么歌吧。大雨瓢泼而下，这只自高自大的大公鸡淋成了落汤鸡，尾巴拖在地上。大公鸡觉得不好意思，害羞地跑了，躲起来想弄干自己的羽毛……

水蜘蛛与蚂蚁

孩子们，你们可曾看见水面上有只水蜘蛛在跑来跑去？你们仔细瞧瞧，水蜘蛛的每只小脚都踩在一只小舢板上，舢板很小很小，但是没有桨。水蜘蛛什么都不怕，它自由自在地在深深的漩涡上划来划去。看，它向岸边划过来了。一只蚂蚁从岸边迎着水蜘蛛爬去，蚂蚁觉得很奇怪：蜘蛛怎么能在水面上划来划去呢？水蜘蛛告诉蚂蚁，它的脚上有小舢板，还让蚂蚁看看自己的脚。蚂蚁不相信，它想："让我也尝试一下在水上划来划去的乐趣吧。"于是蚂蚁爬进水里，差点被淹死，伙伴们好不容易才把它救上岸来……

小鱼与公猫

一只公猫坐在池塘边，心想："我来钓条鱼吃吧。"它看见离岸边很远的水中游着一条鱼，可是这条鱼就是不肯游向岸边。"小鱼儿，你为什么不往岸边游？"公猫问。"公猫，你什么时候回家，我就什么时候游过来。"小鱼回答说。这时沿岸走过来一个小孩。"公猫，你在这里干什么？在钓鱼吗？"小孩问。"啊，不！"公猫回答说，"我在这里晒太阳。"

这些童话故事虽出自教师之口，但都取材于外部世界。学生们听到的每一篇故事，都会促使他们深思，让他们产生惊讶之感，这些故事如同一道道小光束，照向孩子们记忆中的隐秘角落，也如同甘露洒在干旱的土地上一般。

苏霍姆林斯基后来在自己的著作中经常强调童话故事在儿童思维中所起的作用。他说："请相信，没有比枯燥的教学更可怕的了。"

苏霍姆林斯基笔下的童话故事

  在苏霍姆林斯基伟大而闪光的一生中的最后一年，他疾病缠身、身体虚弱，在住院治疗的过程中，他顽强地与疾病抗争，坚持不懈地书写他一生中最重要的一部著作——《怎样培养真正的人》。

  在这部被人们视为经典的作品中，有大量的童话、故事、寓言和传说，这些故事都选自他汇编的《伦理学文选》。

  苏霍姆林斯基原本期望将《怎样培养真正的人》这部著作同《伦理学文选》刊登在一起，达到把道德理想、道德准则同对生活的观察、童话故事结合在一起的目的。

  但此书刚刚完稿，苏霍姆林斯基就与世长辞了。后来《怎样培养真正的人》由他的女儿奥莉娅·苏霍姆林斯卡娅整理、汇编后出版。在她编辑的过程中，省略了收进《伦理学文选》中的一些童话、故事、寓言，只保留了作为作者全部论断逻辑基础的那些童话、故事和传说，即便如此，这部作品仍不失为一部传世佳作。

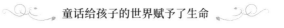

一、亲手编写的童话故事

就让夜莺和甲虫都有吧

一天，夜莺在花园里歌唱，它的歌声美极了。夜莺知道，它的歌声人人都爱听，所以它一边唱一边看着那盛开的鲜花、晴朗蔚蓝的天空，看着坐在花园里听它唱歌的甲虫。

这时有一只长角的甲虫飞到夜莺身边，它飞起来时会发出嗡嗡的响声。夜莺停止了歌唱，不耐烦地对甲虫说："别再嗡嗡叫了，看来你是不会唱歌的，谁会听你的嗡嗡叫？再说，你这个甲虫有什么用呢？"

甲虫郑重地回答说："不，亲爱的夜莺，世界上没有我甲虫，就像没有你夜莺一样，是不可能的。"

"嘿，说得多好听呀！"夜莺冷笑了一下，"这么说，你也是人们所需要的喽。好吧，我们去问问那位小女孩，让她说说人们需要谁。"

夜莺和甲虫飞到小姑娘身边，问道："小姑娘，你说说，世界上需要夜莺还是需要甲虫呢？"

小姑娘回答说："就让夜莺和甲虫都有吧。"她想了一下后补充说："怎么可以没有甲虫呢？"

这是苏霍姆林斯基为孩子们编写的一篇童话。童话很美，寓意很深，表面上是夜莺与甲虫的对话，其寓意是：人不能以自己的长处去与他人相比，不能抬高自己，看轻别人。人人都需要他人，也被他人所需要。只有大家（人、动物、植物）和谐相处，才能共同创造出美丽的世界。

蜜蜂妈妈

蜜蜂妈妈从早到晚飞个不停地在花间采蜜，把蜜送到蜂房喂养自己的孩子。蜂房里挂着许多个小摇篮，每个小摇篮里都有一只柔弱的幼蜂。蜜蜂妈妈从一个摇篮飞到另一个摇篮，摇摇孩子，用小匙子盛着蜂蜜逐个地喂着，还低声哼着摇篮曲。

我在养蜂场讲这个童话时，和孩子们一起听这个童话的还有我的同事——历史教师和养蜂老人帕纳斯老爷爷。

孩子们听完故事都回家去了。这时历史教师问道："你为什么要歪曲真相？要知道，按我们的理解，蜜蜂是没有孩子的，蜜蜂也不会有人类才有的那种母亲般的关怀。"

这种对世界过分"高明"的看法使我感到惊讶，不知如何回答才好。帕纳斯老爷爷替我做了回答："他讲的一切都是真的。你看，蜜蜂是怎样细心喂养自己心爱的孩子的，你也要像他那样给孩子们讲述蜜蜂的故事。"

孩子们也许会发问：真有"蜜蜂妈妈"吗？那些飞来飞去辛劳采花粉的蜜蜂明明是工蜂，怎么成妈妈了呢？在苏霍姆林斯基的童话世界里，那些整天忙着采花粉、酿蜜、喂养蜜蜂宝宝成长的蜜蜂，就是"蜜蜂妈妈"，把"妈妈"的美称放在工蜂身上，是因为它们太辛苦、太有奉献精神、太可爱了！

两个母亲

在一个大城市郊区的一所小医院里，住着两位母亲，一位叫黑科萨娅，另一位叫白科萨娅，巧的是，她们在同一天分别生了一个儿子。黑科萨娅是在早晨生的，白科萨娅是在晚上，两位母亲都沉浸在幸福之中，梦想着自己儿子的未来。

白科萨娅说："我希望我儿子能成为杰出的人才，做个闻名于世的音乐家或作家，或者当个雕塑家，他创作出的艺术作品将世代相传；要不就当个工程师，去建造宇宙飞船，让它飞向遥远的星球……。人总得活出个名堂来……"

黑科萨娅说："我希望我儿子成为一个善良的人，他任何时候都不会忘记母亲和自己的家乡，不会忘记热爱祖国、仇恨敌人。"

两位父亲天天都来探望两位年轻的母亲，他们久久地凝视着自己儿子的小脸，眼里闪现出幸福、好奇、慈爱的目光。然后，他们便各自坐在自己妻子的床边，互相说着悄悄话。他们也幻想新生儿的未来，当然，幻想的只是幸福的未来。一周后，两位当了爸爸的幸福丈夫，各自把妻子和儿子接回了家。

30年后，两位母亲又住进那所小医院里，她们的头发有些花白，脸上也添了些许皱纹，但依然如30年前那样漂亮。两位母亲一见面就认出了对方。她们仍住进了30年前生儿子时住的那间病房，两人各自畅谈了自己的生活，述说了自己许多的欢乐，也道出了许多苦痛。她们的丈夫都在前线牺牲了。但不知为什么，两位母亲在谈自己的生活时，都闭口不谈自己的儿子。最后，黑科萨娅终于开口问："你儿子有出息了吧？"

"他呀，成了卓越的音乐家，"白科萨娅骄傲地回答说，"现在在县城的大剧院当指挥，成就卓越。难道您不知道我儿子？"白科萨娅说出了音乐家儿子的名字。当然，黑科萨娅是知道这个名字的，因为他的名字众所周知。就在不久前，她还看到这位音乐家在国外演出取得巨大成功的报道。

白科萨娅接着问道："那你儿子在干什么呢？"

黑科萨娅回答说："他是个庄稼人，说得具体点儿，他是农庄里的机务人员，也就是开拖拉机的康拜因司机，有时也去畜牧场干活。从早春到晚秋，直到大雪覆盖大地，我儿子都在耕地、播种、收割，年复一年，总是那样……。我们住的村子离这儿有一百公里。我儿子有两个孩子——三岁的小男孩和不久前刚生的女孩。"

"你真没那个福啊，"白科萨娅说，"你儿子是个不知名的普通人。"

黑科萨娅没说什么。

就在当天，黑科萨娅的儿子从村里赶来探望母亲。他穿着一身白净的衣服，坐在一张白凳子上和母亲亲切地交谈着，谈了很久很久。母亲的眼里流露出欢乐的神采，在那一瞬间她似乎忘掉了世上的一切东西。她把儿子那只晒黑了的大手握在自己手里，笑个不停。儿子在告别母亲时，仿佛不好意思似的，从手提包里取出一包葡萄、蜂蜜和奶油放到小桌子上，并说："好好养身体吧，妈妈。"临走时，儿子还吻了吻妈妈。

可是，没有任何人去探望白科萨娅。晚上，室内静悄悄的，黑科萨娅躺在床上，想着想着轻轻地笑了起来。白科萨娅却说："我儿子正在参加音乐会，如果他没有演出，自然会来看我的……"

第二天傍晚，那个庄稼人又从遥远的村子里来看黑科萨娅，又在白凳子上坐了很久。白科萨娅也听到"地里的活正忙得热火朝天，他们得日夜不停地干"之类的话。庄稼人在与母亲告别时，又把蜂蜜、白面包和苹果放到小桌上。黑科萨娅脸上由于幸福而容光焕发，皱纹也舒展开来。

至于白科萨娅，仍没有人前去探视。

晚上，两位母亲都默默地躺着。黑科萨娅在微笑，而白科萨娅却在轻轻叹着气，还生怕邻床听到她的叹气声。

第三天傍晚时分，那个庄稼人又从遥远的村子来看望母亲黑科萨娅，他带来了西瓜、葡萄和苹果……，他还把黑眼睛的三岁小儿子也给妈妈带来了。儿子和孙子在黑科萨娅床边坐了很久，她的眼里盈满了幸福的泪花，人看上去也显得年轻了。小孙子还跟奶奶讲起他前天下午和爸爸一起登上康拜因驾驶台的情景。小孙子说："我长大也要当康拜因手。"他们的话，在一旁的白科萨娅都听在耳里，内心阵阵作痛。黑科萨娅在与他们告别时吻了吻孙子……。而那位白科萨娅，在那一瞬间记起了一件事，她的那个著名艺术家的儿子在一次长期外出旅游前，据家里人说，把他的小儿子送进了一所寄宿学校。

两位母亲在医院住了一个月，那个身为庄稼人的儿子每天都从遥远的村子来探望母亲黑科萨娅，送来儿子的微笑，似乎母亲是由于那种微笑才能康复似的。而白科萨娅也觉得，她邻床的儿子来探望的时候，仿佛医院里所有的人都在祝福黑科萨娅：快点康复吧。

可是，一直没人来看望白科萨娅。一个月过去了，医生对黑科萨娅说："现在您完全恢复健康了，您的心脏没有任何杂音，也没有心律不齐的症状了。"面对白科萨娅医生却说："您还得住院。当然，您也会慢慢恢复健康的。"医生在说这话时，不知为什么朝四下张望了一下。

黑科萨娅的儿子来接她了，他带来几束红玫瑰送给医生和护士，医院里所有的人都面带笑容。

在同黑科萨娅告别时，白科萨娅请求她与自己单独待上几分钟。大家都从病房出去后，白科萨娅含着泪问道："亲爱的，你是怎样养出这样的好儿子的？你我是在同一天生的儿子，你多么幸福，可我……"她说不下去，哭了起来。

"我们这次分别，怕是再也见不着了，"黑科萨娅说，"看来这种奇遇不会有第三次了。所以，我要对你说出全部真相。在那个幸福的日子里出生的我的儿子，后来死了，他死的时候还不到一周岁。而外面这个，不是我亲生的，但是我至亲至爱的儿子！在他三岁时我收他为义子，他模模糊糊记得这一天……。我对他来说，就是他的亲生母亲。这一天，你也亲眼所见，我的确挺幸福。对你的不幸，我深表同情。你知道，这些天来我是多么替你难过。我早就想出院了，因为我的儿子每次来都会给你带来沉重的压力。在你出院后，去找你的儿子吧，并对他说：'你的冷漠会遭到报应的，你怎样对待自己的母亲，你的孩子将来就会怎样对待你。'绝对不该宽恕那些对父母冷酷无情的人。"

苏霍姆林斯基在讲课时、在著作中都多次提及了《两个母亲》的故事。苏霍姆林斯基的夫人汇编的《父母的爱之道》一书中全文刊载了《两个母亲》的故事。苏霍姆林斯基的女儿在整理《怎样培养真正的人》书稿时，受限于内容篇幅略去了故事全文，只提了一句："我向一代又一代的青年男女们讲着《两个母亲》的故事，因为这个故事给我这个教育者留下了深刻的印象。"

《两个母亲》的故事告诉我们，一个人的品德要从幼年起就开始培养。

父母在培育自己子女的时候，要有责任感和使命感。那位可爱的母亲黑科萨娅，是在用心培育自己的儿子，儿子虽然不是她亲生的，却获得了儿子对她深切的爱。而母亲白科萨娅只知道一味地付出，结果却遭到儿子的冷漠对待，她没有一天感受到亲人之爱。在这里我不妨提问一句：哪位母亲可敬，哪位母亲可怜？哪个儿子可敬，哪个儿子可恨？我想，读者们会比我更有真知灼见吧。

二、精选自《伦理学文选》的童话

苏霍姆林斯基有一整本关于美的童话集。这些童话中最主要的一类，旨在启迪孩子们对美好事物的思考。

他带着孩子们到果园里、树林里、池塘边沐浴阳光，焕发美好的心情，同时给孩子们讲《老牛与小山雀》《蒲公英》等童话故事。苏霍姆林斯基在《怎样培养真正的人》一书中论述"美是培养敏锐的强有力手段"时，引用了《蒲公英》这篇童话。

一棵蒲公英在绿草丛中突然开出一朵像太阳般鲜艳的蒲公英花。所有的绿色小草都注意到了它，说："这是什么花呀？它怎么这样美呀？"蒲公英骄傲地说："我是世界上最美的、唯一美的花。"就在这时，其他成百上千朵鲜艳夺目的小花也渐次盛开了，小草们都去欣赏身边盛开的那些小花，而把第一个开花的蒲公英给忘了。再看看那棵蒲公英，它露出了羞愧的样子，不再言语了。

孩子们可能会发问：蒲公英确实很美啊！是的，蒲公英很美，它成熟后，花瓣被风一吹，在空中飞舞的样子真是美极了。但是，真正的美与谦虚的品质是分不开的。蒲公英不该自我炫耀，那样才是真正的美。

苏霍姆林斯基最喜爱的一篇童话就是《谎花草》。他不但把它编进《伦理学文选》里，还经常把这篇童话讲给孩子们听。在《怎样培养真正的人》这部著作中，苏霍姆林斯基最先写的一节是"人生下来是为了在自己的身后留下痕迹"，这里他引用了《谎花草》这篇童话。

这是一个关于游手好闲者的民间故事。从前有个人很爱唱歌，喜欢玩乐，从不长久地待在一个地方，时不时地就从碧绿的田野到鲜花盛开的草地去，从鲜花盛开的草地搬到绿草如茵的小树林里。后来他有了一个儿子，就把摇篮吊在橡树枝上，然后坐在那里唱歌，可他的儿子是每时每刻都在成长的。一天，儿子从摇篮里跳出来，走到父亲跟前说："爸爸，请您告诉我，您都亲手做了些什么事？"

父亲为儿子能问出这样智慧的问题而吃惊，他微笑着思考，该怎样回答儿子呢？儿子在等待，父亲沉默不语，也不唱歌了。

儿子看着高大的橡树问："也许，这是您栽的橡树？"

父亲低下了头，沉默不语。

儿子和父亲走到田地里，儿子看着饱满的麦穗问："也许，这麦穗是您栽培出来的？"

父亲更深地低下了头，还是沉默不语。

儿子跟父亲一起来到一个池塘边，儿子望着映在水中的蓝天，说道："父亲，您能对我说一句发人深省的话吗？"

可父亲还是低着头，沉默不语……。就这样，他变成了谎花草。它从春天到秋天，都在开花，可就是不结果，也不打籽。

苏霍姆林斯基说："青年男女们，你们可要当心啊，别像谎花草那样走进生活，那将是最大的痛苦。如果你虚度年华，碌碌无为，在儿女面前，在人们面前你会感到羞愧的。"

谎花，又称无实花，是一种不结果实的花。苏霍姆林斯基给孩子们讲这个童话，是要告诫青少年朋友们："一个人首先要使自己留在人的心中。我们常说的不朽就在于此。……人最大的幸福和生活的意义就在于此。"

三、讲述孩子们身边的故事

苏霍姆林斯基常常对自己的学生讲：你虽然还是个孩子，但你首先是个人，在欲望面前要能控制自己。他所说的是品德方面的自我锤炼。下面的故事是苏霍姆林斯基为学生们编写的。

我们到森林去，路上经过一片晒得极热的草原，大家都疲倦极了。突然，出现了一口清泉，大家都想喝。但老师教孩子们要克制，孩子们便一个个坐下休息，一时谁也没到水边去。……老师告诫大家："你们想一想，大家都挤到水边，……彼此头碰头了，……我们谁也喝不到水。最好让女孩们先喝。"身材魁梧、有一双灰眼睛的托里亚没有去喝水。老师问他："你不想喝水吗？"托里亚回答说："想喝，但不急于去喝。"老师微笑着，他高兴的是，托里亚在从事一种深层次的劳动——自我锻炼。

是的，在培养克己的同时，还应当在孩子们的心灵中树立一种道德品质——礼让。礼让是一种传统美德，我国自古流传的《孔融让梨》故事中的孔融，就是最广为人知的礼让的典型。

在日常生活中，处处都有需要礼让的地方，在公交车上、排队处、家庭里，都有需要礼让老人、病人、孕妇的情景出现，只有我们能处处做到尊重、礼让他人，才能获得一种美——品德高尚的美。

男孩瓦西里卡救妹妹

苏霍姆林斯基的教育理想，就在于让每个人都去追求自己的人生价值，而这种追求必须从童年开始。

他对好几届学生都讲过《男孩瓦西里卡救妹妹》的故事。

有一次，娜塔莎在集体农庄的磨坊旁玩耍，磨坊是一个高大的石头建筑物，建筑物的侧面有一个供人攀登的梯子，娜塔莎便顺着梯子向建筑物的屋顶爬去。她爬上去到顶上一看，害怕得叫喊起来。这时候爸爸妈妈都不在家。哥哥瓦西里卡从窗户里看到正抓着一块瓦的妹妹，急忙顺着梯子爬向屋顶。不一会儿，他来到妹妹身边，可是他不能和妹妹一起爬下来。他便千方百计地扶住妹妹，久久地在屋顶上坐着，等爸爸妈妈回来。

苏霍姆林斯基说："我讲这个故事的目的就是要使我的每个学生都能去追求精神力量的顶峰。"

如果每个人都能从童年起去体贴关爱亲人、他人，那么这一时期自身所表现出的精神，就是一个人修养的阶梯。沿着这个阶梯，定能登上精神力量的顶峰，成长为一个真正的人。

助人为乐

这个故事发生在苏霍姆林斯基身边，他在编写《怎样培养真正的人》时，将它命名为《助人为乐》，这是发生在一年级学生中的一个故事，旨在让孩子们看到他人有困难时，能够给予力所能及的帮助，这不仅会给困难者带去快乐，孩子们自己也会感到快乐。

在春汛时期，一个黑眼睛的女孩加利娅没来上学，河水泛滥挡住了她上学的路。如果老师没有讲出这个女孩的不幸，就不会唤起其他孩子的同情，同班同学就不会想起她。孩子对每一件事都应当敞开眼界、智慧、心扉。我跟孩子们一起朝春水泛滥、把加利娅和我们隔开的那条河走去。走着走着，孩子们心中不由得被唤起一种同情心——他们感受到了自己同学的痛苦，但他们无能为力去帮助同学，这更加深了他们的情感。他们开始思考如何帮助同学。后来，我们求人用小船把加利娅载到我们身边来。我们到了春水泛滥的河边，一齐望着对岸，看见了我们的加利娅，她正向我们招手。小船把女孩运过来了。春汛两周未退，她就住在自己的女同学家。那些天，我们大家都很幸福，但特别幸福的是那些直接关心小女孩的人。

苏霍姆林斯基说："再没有比关心人的那种欢乐更为高尚和强烈的了。"

人人都应懂得助人为乐这一真谛。那种在他人有困难时不去帮助，只为自己活着的人是自私自利之人。只有伸出援助之手去帮他人排忧解难的人，才配被称为心中有他人的人。

四、善用民间故事

苏霍姆林斯基对乌克兰古老的民间故事了如指掌，他尤其喜爱一则谈母爱的伟大、鞭挞不孝之子回头是岸的民间故事，几次将其写进书里。在 1965 年发表的《善的萌生》一文里，在《给儿子的信》中，在《家长教育学》"要在儿子心中留下痕迹"一章中，他都引用了这则民间故事。

传说有位母亲生了个独生子，对他珍爱无比，视如珍宝。儿子长大后，娶了一位貌如天仙的姑娘为妻。可是那位妻子不喜欢婆婆，便对丈夫说："如果你还想和我在一起，你就得杀死你的母亲，取出她的心，放在慢火上烘烤。"儿子完全被美貌的妻子所迷惑，便对母亲说："妈妈，妻子让我杀死你，取出你的心，放在慢火上烘烤。我若是不听她的话，她就要离我而去。我不能没有她……"母亲哭了，然后对儿子说："那好吧！儿子，你怎么想的就怎么去做吧！"

儿子带着母亲走进了密林，他找了些干树枝燃起一堆火，杀死了母亲，把她的心取出来，放在烧红了的木炭上，木炭发出噼啪的响声。一小块木炭迸出一颗小火星，正好溅到儿子的脸上，把他烫伤了。儿子大叫了一声，用手捂着烫伤的脸。此时，在慢火上烘烤着的母亲那颗火红的心突然剧烈地跳动起来，急切地说："我的宝贝儿子，你很疼吧，快去摘一些车前草，火堆旁就有，把叶子放在伤口处，再把我的心放到车前草的叶子上……。等你伤好了，再把我的心放到火上。"

儿子听到母亲的心声，号啕痛哭，双手捧起母亲那颗火红的心，泪如雨下，急忙把心放回母亲的胸膛里。他幡然悔悟了，悟到没有任何人能像母亲那样热烈而真诚地爱他。母亲的爱是那样博大而无穷，母亲期盼儿子欢乐的心愿是那样深切。母亲的那颗心又复活了，被撕开的胸膛也合拢了。母亲站了起来，把儿子紧紧地搂在怀里。此时，儿子已对看似美貌的妻子厌恶至极了，决心再也不回到她身边，母亲也不回那个家了。母子二人朝着辽阔的草原走去，最后化作两座巍峨的高山。

苏霍姆林斯基说："这篇民间故事是用人民的智慧创作出来的。再没有比母爱更强烈之爱了，再没有比母亲的那种温存更为温存的了，也再没有比母亲那不眠之夜、不合眼的焦虑更为痛苦的了。"

与此同时，苏霍姆林斯基对故事中映射的不孝子女进行了谴责。他说："'不孝之子，不孝之女'，这是对人的丑恶行为的一种最尖锐、最深刻的谴责。"

我们今天的社会大力倡导孝道，但仍然存在着种种不孝的现象。有人常常说"工作忙"，在父母家里很少见到他们的身影，至于他们为父母所应付出的一切，早已被忘在脑后了。要知道，父母所遭遇的最大痛苦，莫过于子女对老年父母的冷漠。

《共同的创作》中的童话

　　《共同的创作》这本文选，是苏霍姆林斯基专门汇集教师和学生们编写的童话、故事、诗歌、短文的集子。该文选由他几经修改并手抄出来，辑成一册手抄本文学杂志，放在思想室里供教师和学生们阅读。学生们读后反响很强烈，同学们更是争先恐后去借阅。

　　教师们对这本《共同的创作》评价也很高，认为孩子们从自己的所见、所想、所感出发写出来的作文，不仅有亲切感，更是难得的一种创作活动，对学生的智力发展具有非常重要的意义。

　　苏霍姆林斯基为了让学生发挥出自己的创作才华，展现自己的语言美，拟定出一系列作文题目，这些题目在《帕夫雷什中学》一书中被一一列了出来，足有上千个题目。他还把刊登在《共同的创作》中的一些作文援引出来，列入自己的著作里，供读者欣赏。

　　苏霍姆林斯基教导说："孩子们编创童话犹如搜集各种形象。当一个儿童发现自己可以把周围的事物编成童话时，就会由衷地感到喜悦。他想把自己的想法告诉同学们，并想用语言表达出来。"

　　下面 3 个童话是由几个 8 岁学生创编的。

小鸟从窝里掉了下来

在啄木鸟的窝里有 4 只小鸟。其中一只很淘气，它朝窝外东张西望，什么都想看看，什么都想知道：窝的那边是什么？窝的后面是什么？天上飘的是什么？那个圆的、热的和亮的东西是什么？

"等你长大能飞起来的时候，你就会知道的……"啄木鸟妈妈说道。

但是，不安分的小啄木鸟不愿意听母亲的话。它从窝里探出身子，结果掉了下去，坐在青草地上哭了起来。

妈妈飞到小啄木鸟身边说："怎么救你呢？不听话的孩子。坐在我的背上，嘴衔住我的羽毛，衔得紧一点。"

小啄木鸟在妈妈的背上坐下，用爪子抓住、用嘴衔住妈妈的羽毛。妈妈飞起来了，把自己的孩子带回了窝里，并问道："你还要从窝里朝外看吗？"

"不了。"小鸟高兴地回答，同时又昂起头向窝外看，它昂着头问道，"那是什么？是青草吗？"

麻雀多么想知道太阳落到哪儿去了

太阳要下山了，天空被映得通红。好奇的麻雀坐在窝里，看着红彤彤的天空思索着："太阳落到哪儿去了呢？飞出去打听一下。"它展翅飞出了窝，飞过了村庄，飞过了田野，飞过了森林，又来到一片田野，还是没看见太阳。麻雀已筋疲力尽，再也无力向前飞了，累得摔倒在地。它喘了口气，抬头一看：周围的向日葵开着花，花盘全都朝西。一棵大头向日葵看见麻雀，问道："麻雀，你要飞到哪儿去？夜幕已经降临了。"

"我想打听太阳落到哪儿去了。"

向日葵笑了笑说："请等到天亮，当太阳升起的时候，我叫醒你，你问问太阳落到哪里去了。"

麻雀在大头向日葵的庇护下睡着了。清晨太阳露出地平线，向日葵唤醒了麻雀。麻雀就问太阳："太阳，你夜里落到哪里去了？"

太阳笑哈哈地回答说："夜里我在遥远的山岭和蓝色的海洋那边休息。别飞到我这里来，麻雀，因为你是永远也飞不到的。"

蜜蜂是怎样在南瓜花里过夜的

蜜蜂飞到田野去采蜜，飞得很远很远。太阳已经快要下山了。蜜蜂发现了一大片南瓜地。南瓜的花朵又大又黄，闪闪发光，就像太阳一样。蜜蜂在花丛中飞来飞去忙着采蜜。它抬起头，看看四周，吓得嗡一声叫了起来——原来太阳已经下山了，天上的星星在闪烁，田野里的蟋蟀在歌唱。

"现在我该怎么办呢？"蜜蜂问道。

"请落到我的花瓣上来吧！"南瓜花对它说，"过一夜，明天早晨再回家。"

蜜蜂一停在甜蜜的花蕊上，南瓜花就用自己的花瓣把它盖了起来。

南瓜花沉睡着，蜜蜂沉睡着，田野沉睡着，整个世界都沉睡着，只有天上的星星在闪烁，蟋蟀在歌唱。

很快，太阳便从森林那边升起来了。南瓜花张开了花瓣。蜜蜂醒了，该飞回家了。然而，小蜜蜂的心有点颤抖，感到既忧伤又亲切。蜜蜂向南瓜花深深鞠了一躬说："南瓜花，谢谢你的热情招待。"

南瓜花叹了一口气，它也舍不得和蜜蜂分别。

可是，太阳已经升起了，云雀正在天上歌唱，蝴蝶在飞舞，新的一天又开始了。蜜蜂在南瓜花上盘旋了几圈就回家了，它给孩子们带回了花蜜。

以上 3 篇美好的童话是由 8 岁的小朋友创作的。我相信，人人都有编创童话的才能，只要你去观察、去思索、去动笔，也能写出像"小鸟""麻雀""蜜蜂"一样的童话来。

苏霍姆林斯基说："童话是爱国主义教育的丰富而不可替代的源泉。"所以他在《学生的爱国主义教育》一书中，对学生的创作进行了细心的加工，刊载了 30 多篇童话故事，可见他对孩子们的创作的重视。后来，这些童话故事又由苏霍姆林斯基的夫人汇编成另一本书，《祖国在心中》。笔者从书中选择出几篇孩子们创作的童话故事，供读者欣赏。

乌鸦学校

一只老乌鸦在森林里为小鸟们办了一所学校，招来了喜鹊、鹳、啄木鸟、云雀的幼鸟们来上课。

"开课喽！"老乌鸦打开书本开讲："嘎啊！嘎啊！……"他想让所有听课的小鸟跟着说："嘎啊！嘎啊！……"可是每一只小鸟都用

自己的方式唱起来。结果呢，乌鸦学校里的小鸟们什么也没有学到。

爱吹牛的玫瑰花

山坡上盛开着一朵红色的玫瑰花。红玫瑰吹起牛来："我比太阳更红艳。"可爱的太阳听到后，便落到西山后面，夜幕降临了。再看那枝红玫瑰，也显出灰色。没有可爱的太阳，一切都变得灰暗了。

朝霞的童话

在一所盲人学校里有一个盲人小男孩，他爱听春天黎明时的音乐，感到音乐如微风拂面。

这天他很早就来到了果园。老师走到男孩跟前，抚摸着他的肩膀，男孩问道："老师，请您告诉我，这和风从哪里吹来？和风吹来的地方有什么？大概那里有很美的东西吧？"

"那里有朝霞。"老师回答说。

"朝霞是什么样的？"

老师描述起来："朝霞像鲜花粉红色的花瓣，就像桃花那样……"

盲孩的脸骤然抽动了一下。

"老师，"盲孩说，"我看不到盛开的桃花。"

"原谅我吧，"老师沉默了一会儿，接着说，"朝霞就像母亲的吻，又如同轻抚脸颊的微风。"

"现在我知道朝霞是什么样的了。"小盲孩低声私语。

　　教师越重视孩子们的创作，孩子们就越有兴趣动脑动手去创作。苏霍姆林斯基就是鼓励孩子们创作的楷模。教师们，向他学习吧！也许你们也能汇编出《共同的创作》。

我无限相信书籍的教育力量

　　我无限相信书籍的教育力量，这是我教育信念的一个信条。一所学校最基本的是应该有书籍。

　　图书是知识不可缺少的源泉，是你精神财富取之不尽的源泉，建立自己的小图书馆吧！

　　书籍是知识之泉。读书，读书，再读书，在书籍的世界里紧张地生活吧。

生长在农村的苏霍姆林斯基，长大后在偏僻的帕夫雷什中学任教，虽然仅仅活了52岁，却荣获乌克兰共和国功勋教师称号，获颁俄罗斯联邦教育科学院和乌克兰教育科学院通讯院士，成为闻名于世的伟大的、杰出的教育家。纵观苏霍姆林斯基所取得的成就，也许有的读者会问："这一切是怎样实现的呢？"

　　以愚之见，苏霍姆林斯基所有成就的取得，关键靠他孜孜不倦地读书，沿着刻苦学习的阶梯持续攀登。

　　下面这句话，就是苏霍姆林斯基通过阅读到达教育顶峰最好的证明。

　　他说："教师要有学习的愿望，要有对知识的渴求和理解智力活动的奥秘的志向。沿着这些小路攀登，你才能到达教育的顶峰……"

　　苏霍姆林斯基提倡读书的言论比比皆是，他的闪光之处，就是发自内心地告诫人们要把读书当作第一精神需要。

　　教师也好，其他人也好，只要你有求知的热情，想要攀登知识的高峰，那你就去读书，读书，再读书吧！

从小把书看作财富

　　苏霍姆林斯基虽然出生在一个贫农的家庭里，但家里的人都有一定的知识和文化素养，祖父爱读书，妈妈和外祖母经常给他讲童话故事。受家庭的熏陶，苏霍姆林斯基从小就爱读书。

　　有一天，外祖母在讲故事的时候，苏霍姆林斯基顺口问道："我的妈妈爸爸呢？"

　　外祖母回答说："去拜达科夫卡探望你祖父了。"

　　过了两天，爸爸和妈妈回来了。爸爸拿出两大包书，对小瓦西里说："这些书是给你的。你祖父说，把这些书留给小瓦西里吧。这是祖父留给你最宝贵的财富，你要好好爱惜这些书啊！"

　　小瓦西里一听，乐得蹦起来。手里捧着书，祖父那和蔼可亲的面容、亲切的话语仿佛在他眼前浮现。

　　"小瓦西里，现在我给你看一样有意思的东西。"祖父手捧着一本灰皮或蓝皮的书，戴上那副圆镜片、铁制的眼镜，清清嗓子，朗声读起来。听祖父讲故事时，小瓦西里心里总是甜滋滋的，和祖父在一起的时光令他终生难忘。

　　谁知，在小瓦西里收到祖父留给他的书并高兴至极的时候，父亲却告诉了他一个不幸的消息："小瓦西里，你的祖父去世了……"

小瓦西里号啕大哭起来，直喊着："祖父！祖父！"

父亲安慰小瓦西里说："祖父虽然去世了，可他留给你的书还在。你要好好读这些书，祖父会在天上看到的。"

小瓦西里抱着祖父留给他的书，回到自己的房间里，一本接一本地翻看这些书。

过了几天，小瓦西里从父亲那里得到一件礼物——一个漂亮的小柜子，这是父亲心知小瓦西里爱书如宝，亲手为他做的。

"你可以把那些书保存在这里了。"父亲声音沙哑地说道。

小瓦西里目视着父亲，点点头，高兴地接过小书柜，小心翼翼地把祖父留给他的书放进柜子里，那一瞬间，他感觉自己是村子里最富有的人了。有时，他还当着一些小朋友的面高喊："祖父给我留下那么多书，书是财富，我是村子里最富有的人了！"

什么是富有？是土地？是房屋？还是金钱？在苏霍姆林斯基看来都不是，他认为最大的财富是书籍。这件事对苏霍姆林斯基后来的成长产生了巨大的影响。

在学校的图书馆里

在克列明楚格师范学院学习期间，苏霍姆林斯基的身影经常出现在学院的图书馆里。

图书馆有位女馆员，名叫埃斯菲里·莫伊谢耶夫娜，她每天都能看到苏霍姆林斯基如同饥肠辘辘地奔向食堂那样奔往图书馆。有一次，她不无风趣地对苏霍姆林斯基说："瓦西里，想必你读书时不加咀嚼吧，这是很大的一个毛病，你读的是书，而不是奶油冻，不能狼吞虎咽。"

"可是我并没有狼吞虎咽，埃斯菲里·莫伊谢耶夫娜，您可以检查。"

"哦，那我就收回自己的话。"

有一次，苏霍姆林斯基去图书馆请求道："埃斯菲里·莫伊谢耶夫娜，请借给我马尔的全部著作吧。"

"天哪，"埃斯菲里大吃一惊，"您哪有时间读完这么多书啊，这可不是诗啊！"

"我会找时间读的。"苏霍姆林斯基回答说。

许多年后，一位新闻记者向已是苏联教育科学院通讯院士的苏霍姆林斯基问道："你在大学时代醉心于何物？"

苏霍姆林斯基的回答只有一个字："书！"

当苏霍姆林斯基前往基辅接受研究生部的最后一次考试时，知名学者恰夫达罗夫对他说："你具备搞科学的禀赋，我相信，你将来会出书，而且不只出一本书。但是，亲爱的，你要永远记住，当头脑里还没有形成贯穿全文或者全书主题的那条线的明确概念之前，就不能动笔……"

这位学者的赠言令苏霍姆林斯基终生不忘。也就在那几天，他经常跑去书店，把一包包书抱回旅馆。他每天在小吃部匆忙吃点东西，就又急着奔向图书馆去了。到了图书馆，苏霍姆林斯基就将全部精神投入书的王国，再也分不开神了。直到熄灯时刻，他才恋恋不舍地离开。

在《怎样培养真正的人》一书中，苏霍姆林斯基有句话十分精妙。他说："知识是一种无价的财富，你应当在童年、少年、青年早期时代就得到这种财富。你在少年时代没有获得的那种知识，在以后任何时候都是得不到的。你要去做掌握这种无与伦比财富——知识的男子汉，你的天职就是竭尽自己的全力去学习。"

苏霍姆林斯基一生用自己的行动，证明了他就是掌握这种无与伦比的财富——知识的男子汉。

让学生在图书世界里畅游

有一天，苏霍姆林斯基给思想教育室①送了几本描写遥远的异国自然风光的小书。他的学生尤拉看到其中有一本是描写海洋的，高兴极了，爱不释手地翻看着，苏霍姆林斯基对他说："你拿去看吧！"

帕夫雷什中学思想教育室一隅

尤拉激动地问道："我看完这本书，还能借别的书看吗？"

"当然可以，就是每天读一本也行。"话音刚落，苏霍姆林斯基觉得自己在说大话。因为那时的思想教育室里，有关描写远方国家、海洋深处、热带森林、沉寂的北极等方面的书是不够尤拉每天读一本的，这怎么办呢？

于是，苏霍姆林斯基启程前往哈尔科夫、基辅、波尔塔瓦等几个城市去买书，他花掉两个月的工资，带回来几大包书。就这样，尤拉和同学们如饥似渴地读着思想教育室里的书，一直读到毕业。

---

① 思想教育室是帕夫雷什中学的阅览室，苏霍姆林斯基将其命名为思想教育室。

后来，苏霍姆林斯基在《怎样培养真正的人》一书里说："让学生在图书世界里生活，这是当今学校一个最主要的教育问题。我认为一个非常主要的教育任务，就在于使读书成为每个孩子最强烈的、精神上不可压抑的欲望，使人终生都入迷地想同书中的思想、美、人的伟大精神、取之不尽的知识源泉打交道。这是一条最基本的教育规律。如果一个学生没有发现学校里的图书世界，如果这个世界没有在学生面前展现出智力生活的欢乐的话，那么，他只能怀着空虚的心灵走进生活中去。"

为了让孩子们深切体会到图书世界里的欢乐，苏霍姆林斯基精心选择了人类最优秀的文学作品供学生阅读。包括杰克·伦敦、雨果、马克·吐温、果戈里、屠格涅夫、列夫·托尔斯泰、契诃夫、高尔基、肖洛霍夫、谢甫琴科和冈察尔等人的作品，这些书给孩子们带来无穷的知识和欢乐。苏霍姆林斯基说："我极力使我的孩子们觉得，不去阅读和反复阅读那些令人喜爱的图书，不静下心来去攻读那些图书，生活就会像阴暗的牢狱。要使人认识到只有图书才是无价的、永久的财富，其他的一切都是暂时的。"

苏霍姆林斯基自己就有一个图书馆，藏书十分丰富。这些书不仅为他的教学、写作提供了参考，时而他也把学生领进自己的小图书馆里自由地阅读，他还要求学生们也都要有自己的小图书馆。

鼓励学生建立自己的小图书馆

  苏霍姆林斯基一生酷爱书籍，靠坚持不懈地大量阅读成为有渊博知识的人，他始终致力于培养学生爱读书的习惯，从而使他们成为有知识、有信仰、立志造福人类的真正的人。他说："我无限相信书籍的教育力量……。一所学校，最基本的是应该有书籍。"

  是啊，一个人生下来本是一张白纸，所有知识都是后天通过学习得来的。要想永不停息地汲取知识，就需要源源不断地读书。

  苏霍姆林斯基在"怎样教孩子正确对待脑力劳动"一文开篇说道："没有思索的一天，没有阅读的一天，就等于虚度一天的时间。消费时间，就等于浪费人生无价的财富。"他接着对学生们说："图书是获取知识的源泉，是一个人获取精神财富取之不尽的源泉。建立自己的小图书馆吧，不仅要善于阅读，而且要善于反复阅读。"

  "建立自己的小图书馆吧！"这是伟大的教师苏霍姆林斯基向自己的学生发出的肺腑之声。为了教育孩子要懂得书是知识的源泉，书是财富，苏霍姆林斯基要求每个学生在家必须能看到书柜，看到家里有藏书。一个没有书的家庭，谈不上是有知识的、有涵养的家庭，孩子在这样的家庭里生活，很难成长为知识渊博之人。

  每年开学的前一天，看到孩子们互相赠书，父母们也带书相赠，这促使苏霍姆林斯基想到孩子也应有符合自己阅读兴趣的书。他说:"我尽力使每个孩子不断丰富自己的图书库,使阅读成为孩子最大的精神上的需求,在孩子上学的头两年,我要求每个家庭都要有藏书。"

一个家庭里,有书柜,有许多藏书,这才是有文化、有知识的家庭。孩子自己拥有许多书,还能够认识到书是不可缺少的财富,也许他就会像苏霍姆林斯基小时候那样骄傲地宣称:"我是富有的人啦!"

苏霍姆林斯基是"建立自己的小图书馆"的榜样。他刚到帕夫雷什中学任教时,曾说:"我是文学教师,……我有丰富的藏书,我收藏的只是那些具有重大艺术价值的著作,我想使这些书成为审美修养的武器。教师、学生、家长们常常向我借书,跟读者的每次晤谈,都给我带来极大的愉快。"

他认为,学校教育和教学最主要的任务,就是使青少年把读书当作最大的享受,促使他们从小就养成藏书的习惯,并将那些书视为引以为豪的传家宝。

苏霍姆林斯基也向学生们开放了自己的藏书室,在这里他们每个人都可以找到一本自己喜爱的小书。他常常领着学生到他的藏书室去,学生们都对他的藏书之多赞不绝口,这也促使他们产生要有自己的小图书室的愿望。他还鼓励孩子们开展藏书比赛,看谁的小图书室里藏书更多。他还帮助孩子建立自己的小图书馆,并为此花费了不少心思。

建立自己的小图书馆吧,这不只是知识家庭的象征,也是一个学生富有知识财富的象征。

真正的教师必须是读书爱好者

　　一个人，哪怕是大作家、大科学家、大思想家，其学问都是后天学习得来的。在知识面前懒惰，就会使自己越来越愚昧无知；而在知识面前勤奋，一个人的积累就会越来越多。苏霍姆林斯基就是一位在知识面前勤奋、酷爱阅读的读书爱好者，他那渊博的知识，以及诸多闻名于世的著作和文章，都与他爱书、爱阅读有密不可分的关系。

　　他曾说："真正的教师必须是读书爱好者，这是我校集体生活的一条金科玉律，而且已成为传统。一种热爱书、尊重书、崇拜书的气氛，乃是学校和教育工作的实质所在。"

　　帕夫雷什中学在苏霍姆林斯基的领导下，不仅学校图书馆有丰富的藏书，而且教师们也都以苏霍姆林斯基为榜样，大量收藏图书。如文学教师 B.T. 达拉甘的私人藏书有 1000 多册，物理教师 A.A. 菲利波夫有藏书 1200 册，教导主任 A.N. 雷萨克有藏书 1500 多册，而该校教师中藏书之佼佼者就是苏霍姆林斯基，他有近 2 万册藏书。

　　苏霍姆林斯基的生活离不开读书。他在著作中援引的事例、名言所涉及的著名人物就有上百人之多，有马克思、恩格斯、列宁等无产阶级革命家，有马卡连柯、克鲁普斯卡娅、亚·科尔恰克等教育家，有列夫·托尔斯泰、果戈里、普希金、奥斯特洛夫斯基、高尔基、歌德、海明威、圣埃克苏佩里等举世闻名的作家……。他用许许多多名人的教诲和箴言来充实他的作品，传达他的教育理念，彰显了一位真正的爱书大家渊博的知识储备。

有一次，他把一位名叫科利亚的学生领进自己的图书馆里。科利亚看到图书馆里的书，羡慕地问道："这些书您都读过了吗？"

苏霍姆林斯基十分高兴，他在科利亚的提问当中听到了渴求知识的声音。科利亚时不时地停在书架旁，取下一本，又取下另一本，想知道这些书都是讲什么的。他一再重复着自己的问题，苏霍姆林斯基回答他说：

与学生一同在书籍的世界里畅游

"这里书很多，每一本我都读过了（大约有 300 册）。个别书我读了好几遍，现在我正在一本接一本地重读。你看，这里足足有两个书架。这些书对我来说，好比乐师跟他的小提琴，让乐师不接触自己心爱的乐器他能活下去吗？我每天不读上几页，也是无法活下去的。"

这个故事，不由得令我想起毛主席说过的一句话，他说："饭可以一日不吃，觉可以一日不睡，书不可以一日不读。"孙中山先生也曾说过："我一生的嗜好，除了革命外，最爱的就是读书，我一天不读书就不能生活。"

几位伟人酷爱读书的话语何其相似啊！他们一生令人敬佩之处甚多，就是在读书上也突显出与众不同、卓尔不群。

亲爱的读者朋友们，望您也能像伟人们那样，像苏霍姆林斯基那样爱书！须知，世界上不知有多少伟人、大科学家、作家，他们最先结交的一位朋友就是书籍。朋友，如果您想进取，想求知，想去攀登知识的高峰，您就必须把雄伟的知识大厦建筑在书籍这块坚硬的基石上，也许有朝一日，您也会成为被人们称颂的一位大家。

我无限相信书籍的教育力量

苏霍姆林斯基在《我的教育信念》一文中说："我无限相信书籍的教育力量，这是我教育信念的一个信条。一所学校，最基本的是应该有书籍。教育，首先是语言、书籍和活生生的人与人之间的关系。"

苏霍姆林斯基之所以如此看重书籍的教育力量，既是他近 20 年教育工作的经验使然，也是他开展教育工作的一种信念。苏霍姆林斯基认为，"书籍是强大的工具""启迪智慧和富有鼓舞力的书籍，往往决定一个人的命运"。

一个人的命运如何，未来成为什么样的人，取决于学校的教育、家庭的培养以及社会对其的影响。苏霍姆林斯基把书籍看作决定一个人命运的重要因素，这是他教育思想的闪光点之一。

人人都需要读书，需要把书作为一种武器来武装自己的精神。一个人，尤其在其孩童时代，如果有人能让他认识到图书的价值，而且在阅读中体味到书具有无穷而又巨大的力量，他才能成为有信仰、有知识、有智慧的人，成为有益于社会的真正的人。

书籍是人类的良师益友，既可以打开人的心灵之窗，又能为人们解开许多不解之谜。一个人雄伟的知识大厦，必须建立在书籍这块无比坚硬的基石上。

世界上不知有多少伟人、学者、专家，他们最先结交的一位朋友，就是书籍。众所周知，伟大的革命导师马克思正是由于刻苦读书，才成为"天才和造诣极深的人"。读书对伟大的马克思主义者、无产阶级革命家列宁的一生也有巨大的作用，正如克鲁普斯卡娅所说："是书对他（列宁）所从事的艰巨的工作给予了帮助，是书给他以知识，使他成为博学多识的人。如果没有书，那他就不会成为我们大家知道的那个列宁了。"

苏霍姆林斯基深知书是知识之泉，他认为，一位教师如果没有在书的世界里生活过，便很难走近学生，因为师生联结的基础是丰富多彩的智力兴趣。教师最主要的教育任务之一，就是为学生打开通往知识的大门，把他引入丰富的知识世界。

苏霍姆林斯基引用列夫·托尔斯泰的话，让学生们与书交朋友。他告诫学生说："要记住，书是人类数千年来智慧的结晶。首次读一本好书，如同结交一个新朋友，重读一本好书，等于重访老朋友。希望你们结识更多的良朋益友。"

苏霍姆林斯基号召学生们去读书、读书、再读书，让孩子们与书交朋友，享受图书世界里的美好。而读书的最佳去处无疑是图书馆。在苏霍姆林斯基的眼里，图书馆不仅包括校办图书馆，也包括他为学生创办的儿童图书馆。他在帕夫雷什中学创办的儿童图书馆既收藏经典的文学著作，也收藏俄罗斯和其他国家出版的童话、故事，供教师和学生们去阅读。

苏霍姆林斯基创办的故事馆、童话室，正体现出他的教育信条——无限相信书籍的教育力量。

资料来源 ①

1.卢斯塔维里.虎皮武士 [M].莫斯科:国家文艺书籍出版社,1969.

2.瓦·亚·苏霍姆林斯基.给儿子的信 [M].张田衡,等译.北京:教育科学出版社,1981.

3.瓦·亚·苏霍姆林斯基.把整个心灵献给孩子 [M].唐其慈,等译.天津:天津人民出版社,1981.

4.B.A.苏霍姆林斯基.帕夫雷什中学 [M].赵玮,等译.北京:教育科学出版社,1983.

5.B.A.苏霍姆林斯基.给教师的建议 [M].2 版.杜殿坤,编译.北京:教育科学出版社,1984.

6.塔尔塔科夫斯基.苏霍姆林斯基的一生 [M].唐其慈,等译.北京:教育科学出版社,1986.

7.B.A.苏霍姆林斯基.怎样培养真正的人 [M].蔡汀,译.北京:教育科学出版社,1992.

---

① 因部分资料来源年代较早,本书在不影响原意的基础上,对个别引文的表述进行了修改。

8. 中共中央马克思恩格斯列宁斯大林著作编译局 . 马克思 1844 年经济学哲学手稿 [M]. 北京：人民出版社，2000.

9. 蔡汀，王义高，祖晶 . 苏霍姆林斯基选集 5 卷本：第 1 卷 [M]. 北京：教育科学出版社，2001.

10. 蔡汀，王义高，祖晶 . 苏霍姆林斯基选集 5 卷本：第 2 卷 [M]. 北京：教育科学出版社，2001.

11. 蔡汀，王义高，祖晶 . 苏霍姆林斯基选集 5 卷本：第 3 卷 [M]. 北京：教育科学出版社，2001.

12. 蔡汀，王义高，祖晶 . 苏霍姆林斯基选集 5 卷本：第 4 卷 [M]. 北京：教育科学出版社，2001.

13. 蔡汀，王义高，祖晶 . 苏霍姆林斯基选集 5 卷本：第 5 卷 [M]. 北京：教育科学出版社 , 2001.

14. 蔡汀 . 走进教育家苏霍姆林斯基 [M]. 北京：教育科学出版社，2007.

15. 苏霍姆林斯基 . 苏霍姆林斯基教育箴言 [M]. 朱永新，编 . 北京：教育科学出版社，2016.

16. 瓦·亚·苏霍姆林斯基 . 家长教育学 [M]. 蔡汀，译 . 北京：中国妇女出版社，2021.

17. 蔡汀 . 家长教育学 3：苏霍姆林斯基讲美德故事 [M]. 北京：中国妇女出版社，2021.